KB179574

하마터면 서울대 갈 뻔했다

하마터면 서울대 갈 뻔했다

성현 지음

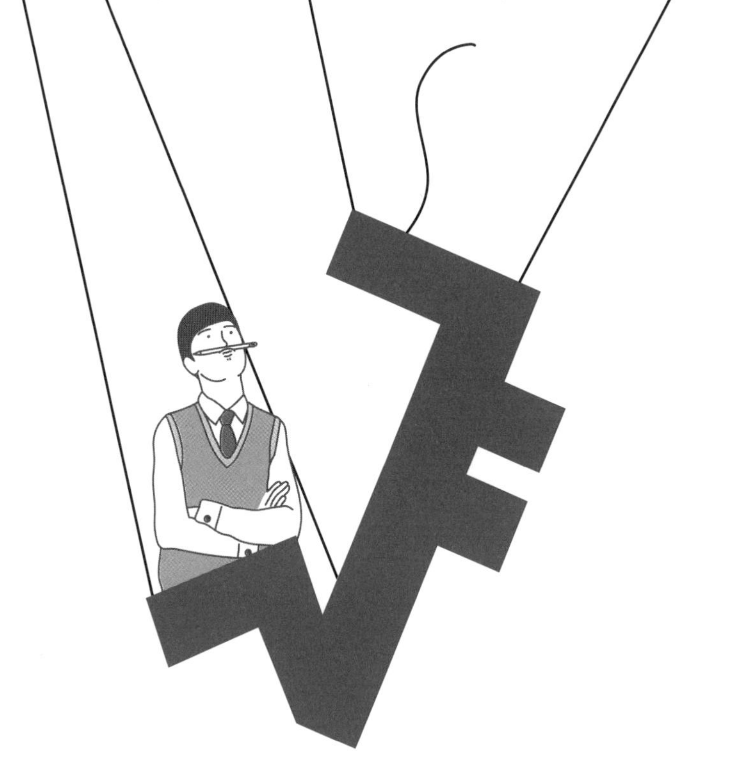

봄풀

사자가 되고 싶었던 아이

〈라이온 킹〉에 나오는 사자는 정말 멋졌다. 사자가 되고 싶었다. 틈만 나면 네 발로 온 집안을 뛰어다니며 으르렁으르렁 사자 소리를 냈다.

다행히(?) 사자가 되기는 불가능하다는 걸 알고나서는 '사자 박사'가 되기로 했다. 엄마 손을 잡아끌고 도서관에 가서 동물도감을 찾았다. 가까운 도서관은 모두 들러 사자 사진과 그림이 있는 책은 모조리 훑었다. 보고 또 보았다.

그림 속 사자를 보는 것만으로는 부족했다. 부모님은 그런 나를 동물원에 데려가 주었다. 대한민국에 있는 모든 동물원을 가보았다. 곧 그것으로도 성에 차지 않았다.

이젠 사자를 그리기 시작했다. 특히, 갈기가 있는 수사자들은 어쩌면 그렇게 멋있는지……. 〈라이온 킹〉의 심바와 〈밀림의 왕 레오〉의 아빠 사자를 수십 번 넘게 그렸다. 대여점에서 빌려 온 〈라이온 킹〉을 보다가 좋아하는 장면이 나오면 정지시켜 놓고 그렸다.

어느 날, 학교에서 돌아오니 〈라이온 킹〉 DVD가 책상 위에 놓여 있었다. 처음에는 우리말 더빙으로 보다가 대사를 다 외운 다음부터는 원어로 보기 시작했다. 자연스레 디즈니의 다른 애니메이션들도 즐겨 보게 되었다.

사자 박사였던 꿈이 어느새 디즈니에서 애니메이션을 만드는 사람으로 바뀌었다. 아홉 살이었다.

우리 모두에겐 이런 시간이 있었다. 자유롭게 꿈꾸고, 자연스레 내가 하고 싶은 것을 찾아 하던 시절……. 꿈이 있었고, 행복했다. 그런데 어느 순간 사라져 버렸다. 정신을 차리고 눈을 떠보니 책상에 앉혀져 있고, 손에는 문제집이 들려 있었으며, 특목고와 자사고, SKY가 우리의 꿈을 가로챈 상태였다.

우리나라 10대들은 행복하지 않다. SKY를 위해 꿈과 행복을 반납했고, 피로와 스트레스를 받아들였다. 국제중, 특목고, 자사고, SKY 가겠다고 엄청난 비용을 써가며 사교육을 받는다. 숨 돌릴 틈도 없이 공부하는 전교 1등이나 PC방을 학원 다니듯 하는 친구나 고통스럽긴 마찬가지다. 무섭게 찍어누르는 압박 속에서 미치지 않는 게 이상할 정도다. 가벼운 병쯤은 친구처럼 달고 산다.

대한민국에서 불면증과 허리디스크는 더 이상 어른들만의 병이 아니다. 그러면서도 SKY를 놓지 않는다.

어른들은 참 끈질기다.

"SKY만 가면 하고 싶은 거 다 할 수 있어!"

조금만 더 고생하면, 지금은 죽을 것 같아도 서울대만, SKY만 가면 불행 끝 행복 시작이란다. 오히려 고마워할 거란다. 그때 가면 원하는 것 다 할 수 있단다. 과연 그럴까?

나는 세간에서 소위 명문이라고 말하는 고등학교를 다녔다. 입학 당시 서울대 합격률 전국 1위였다. 많은 이들이 축하를 해주었다. 목이 뻣뻣해진 나를 보고 대단하다며 부러워했다. SKY는 이미 들어간 거나 마찬가지였다. 하지만 시간이 조금 지나고부터는 어른들의 말처럼 되지 않았다. 행복하기는커녕 오히려 공허해졌다. 그런데 어느 순간부터 내 삶이 행복으로 가득 차기 시작했다. 보람과 가치가 있고, 사는 맛이 느껴졌다. SKY를 많이 보내는 학교라서? 내가 SKY에 갔기 때문에? 아니, 나는 SKY에 떨어졌다.

이 글은 나의 서울대 탈락기이자 성공기(?)이며, 10대였던 내가 '왜 이래야 하는 걸까?' 고민했으나 누구에게도 묻지 못했던 이야기다. 또 10대 때의 나는 어떻게 행복할 수 있었는지, 10대들의 행복한 삶은 어떻게 시작되는지에 대한 내 생각이다.

성현

차례

서울대가 꿈이었지만

서울대에 온 한국인 유학생

입시지옥에서 나를 지키는 법

 10대들의 소리 없는 아우성

5장 **10대를 행복하게 보내려면**

1장

서울대가 꿈이었지만

특별해지는 게
꿈이야

"국제중, 특목고, 서울대."

초등학교 고학년이 되면서 이 단어들은 내 책상, 필통 등 눈에 보이는 모든 곳에 적혔다. 반장, 부반장 대신 봉사위원을 뽑던 초등학교에서 나는 1학년부터 4학년까지 빼먹지 않고 봉사위원을 맡았고, 5학년 때는 전교 부회장, 6학년 때는 전교 회장을 지냈다.

2학년 땐 반에서 구구단을 꼴찌로 외울 정도였지만,

3학년 첫 시험에서 반 2등으로 시작한 다음부터는 공부
에서도 내내 전교권이었다. 5학년 때는 환경올림픽이라
부르는 국제회의(2008년 창원에서 열린 람사르총회)에 대한
민국 청소년 대표로 참가했고, 6학년 때는 또 다른 국제
회의인 세계호수회의에 초청되어 중국 우한을 다녀왔다.

왜 그렇게 했을까? 공부 잘하는 아이, 전교 회장인 아
이, 학교를 대표하는 아이, 지역 대표와 국가대표가 된
나를 친구들이 우러러봤기 때문이다. 나는 그들의 부러
워하는 시선을 만끽하면서 나 자신을 과시하고 싶었다.

물론, 온전히 그 때문만은 아니었다. 연일 TV에 나오
는 반기문 전 UN 사무총장과 그의 책《바보처럼 공부하
고 천재처럼 꿈꿔라》도 영향을 주었다. 그는 내 또래 아
이들 모두에게 영웅이었다. 뭐가 되고 싶으냐 물어보면
수많은 아이들이 UN 사무총장이라 답했고, 나도 그런
아이들 중 하나였다. 디즈니에서 애니메이션을 만드는
사람이라는 꿈은 이미 잊어버렸다.

꾸준히 전교 5등 안에 들고, 전교 부회장과 회장을 하
고, 6학년 때 토익 900점을 맞고, 열두 살에 람사르총회
라는 큰 국제무대에서 대통령을 비롯해 2천 명이 넘는

각 나라 대표들 앞에서 우리나라 대표로 발표를 했다. 학교와 지역에서만큼은 엄청 잘난 아이였다.

그러나 불안했다. 초조했다. 뭔가 더 하지 않으면 잘난 내가 지워질 것만 같았다. 조바심이 온몸을 휘감았다. 그때 대한민국 최고라는 한 국제중학교가 눈에 확 빨려들었다.

'바로 저거야! 저기 가면 나는 훨씬 더 높아질 거야.'

완벽해지기에 딱 맞는 목표였다.

그 국제중학교를 준비한다는 것만으로도 난 이미 특별해져 있었다. 가슴이 부풀어올랐다. 수학여행을 가서도 선생님들 방에서 얼마 남지 않은 토익 시험공부를 했다. 친구들은 나랑 못 놀게 된 걸 아쉬워도 하고 부러워도 했다. 체육시간에 윗몸 앞으로 굽히기를 못하자 선생님이 말했다.

"넌, 공부를 너무 많이 해서 그래."

오후 4시쯤 학교를 나오면 바로 학원으로 갔다가 12시가 다 되어 집으로 오는 생활, 삼각김밥과 음료수로 저녁을 때우며 공부한다는 것조차 자랑거리였다.

'난 반드시 저 국제중에 합격할 거야. 할 수 있어!'

주문처럼 매일 외웠다. 초등학교 6학년으로는 상상할 수 없을 만큼 온 힘을 다했다. 그리고 나는 창원에는 하나뿐인 국제중 준비반 학원에서, 가장 늦게 시작했음에도 유일한 1차 합격자가 되었다. 기세등등이었다.

2차인 면접을 준비하면서는 정치, 경제, 역사, 외교, 사회, 과학, 환경 등 거의 전 분야에 걸쳐 넓고 얕은 지식을 쌓았다. 정보와 주장을 한 번 더 꼬아 비판적으로 생각하는 방법도 배웠다.

학원 본사에서는 1차 합격자들을 모아 2주에 걸쳐 특별 수업을 진행했다. 국산 승합차를 타고 온 아이는 나뿐이었다. 주차장에 국산이라고는 우리 차밖에 없었다. 어린 내 눈에도 모두 고급 외제 차로 보였다. 나와는 다른 세상에서 사는 듯한 아이들과 2주 동안 함께 수업을 들었는데, 대한민국 1타 강사라는 그들의 수업은 소름이 끼쳤다. '뭐 그리 다르겠어?'라는 생각을 뛰어넘어 상상 이상이었다. 그들의 입에서 나온 말은 한 번 들으면 잊어버릴 수가 없었다.

난 떨어졌다. 경남권 유일의 1차 합격자라는 영광도 잠시, 2박 3일간의 면접을 다녀온 지 얼마 지나지 않아 '불합격' 소식을 들었다. 안타까워하거나 지금까지만도 대단한 거라며 위로하는 친구들도 있었지만, 쪽팔렸다. '수학여행 가서도 공부한다고 온갖 똥폼 다잡더니' 하며 비웃을 모습을 생각하면 얼굴이 후끈 달아올랐다.

남들의 시선과
내 시선 사이에서

우월감은 순식간에 열등감으로 바뀌었다. 실은, 부모님 일로 국제중학교에 합격해도 미국으로 갔어야 했다. 나는 '우리나라 최고의 국제중학교에 합격했으나 미련 없이 버리고 미국으로 간 아이'가 되고 싶었다. 하지만 떨어진 아이로 2년 동안을 미국에서 살게 되었다.

미국 중학교 첫 등교 날, 난 학교라는 곳에서는 처음으로 혼자 앉아 밥을 먹었다. 새파란 플라스틱 식판에 피자 두 조각과 초콜릿 우유 하나를 올려놓고 앉을 자리를 찾아 두리번거리다 순간 멈춰 섰다.

'어디로 가지?'

갈 곳을 몰라 헤매긴 태어나 처음이었다. 이리저리 눈길을 돌리다 가장 구석진 곳을 향해 걸었다.

'한국에서는 내 자리에 모두 오고 싶어 했는데…….'

낯이 뜨거웠다. 삼삼오오 모여 깔깔대는 웃음소리가 끊임없이 귀를 때렸다. 고개를 푹 숙인 채 피자를 먹는데, 문득 생각이 떠올랐다.

'그래도 내가 한국에서는 전교 회장도 하고 잘나갔는데, 이건 아니지!'

고개를 쳐들었다. 주변이 눈에 들어왔다. 나 말고도 혼자 앉아 있는 아이들이 여럿 보였다.

'나만 그런 건 아니네!'

순간 한국에서의 친구들이 선명하게 떠올랐다.

'아, 그런 친구들이 있었지……!'

혼자 밥을 먹던 친구들은 한국에도 있었다. 생각해 보니 잘나가는 아이들에 둘러싸인 나는 한 번도 그들에게 눈길을 돌린 적이 없었다. 그들을 먼저 챙겼어야 할 전교 회장이었는데 말이다.

'아, 이제야……'

한심스러웠다. 남들 눈에 멋지게 보이도록 말하고 행동하면서 산다고 살았는데, 아니었다. 죄책감이 뭉글뭉글 가슴을 비집고 파고들었다.

한 학기 동안을 혼자 다니고, 혼자 먹었다. 친구도 없었다. 일부러 그런 건 아니지만, 먼저 다가가지도 않았다. 한국 학교에서 '잘나가던 나'라는 껍데기를 벗고 평범하게 지냈다. 그곳 아이들 또한 누구도 내가 한국에서 어땠는지 알려 하지 않았다. 관심조차 없었다.

미국에 도착해 처음에는 솔직히 한국에서만큼 인정 못 받는 현실을 받아들이기 어려웠다. 기분이 안 좋았다. 그럴 때마다 스스로 위로했다.

'여기서는 평범하지만 난 원래 잘나가던 사람이야. 너희들도 곧 그걸 알게 될 거야!'

얼마나 시간이 흘렀을까? 언제부턴가 평범한 이 모습이 진짜 나라는 걸 깨달았다. 전교 회장, 한국 대표라는 수식어가 붙지 않은 참모습의 '나'가 보였다. 마음을 옥 죄고 있던 족쇄들이 하나씩 사라졌다. 홀가분했다. 내가 내 마음에 쏙 들었다.

그 후로도 친구라고는 자연스레 어울리며 친해진 몇 명뿐이었다. 인기가 없어도, 친구가 적어도, 주목을 받거 나 인정받지 못해도, 박수를 쳐주지 않아도 즐거웠다.

한국에서의 나는 람사르총회 한국 청소년 대표가 되 어 수천 명 앞에서 발표하던 나, 인기도 많고 공부도 잘 해 친구들의 부러움을 사던 나, 경남에서 유일하게 최고 의 국제중학교 1차에 합격한 나만이 '나'라고 생각했다. 늘 남들에게 멋진 모습을 보여야만 한다고, 선망하는 사 람이 되어야 한다고 믿어왔다.

미국에서도 마찬가지였다. 처음엔 아무에게도 관심받 지 못하고 친구도 없는 나를 '나'로 받아들이지 못했다. '한국에서 잘나가던 나'만을 매일매일 되새기며, 지금의 짜질한 나는 내가 아니라고 부정했다.

그런데 정작 아무도 나를 모르고 관심도 없으니 오히 려 홀가분해졌고, 마음이 놓이면서 바뀌기 시작했다. 전 에는 친구를 사귈 때도 '얘랑 친하게 지내면 친구들이 나를 어떻게 볼까'를 먼저 고민했는데, 이제는 같이 있을때 음 편한 친구들을 만나게 되었다. 무엇을 하든 남들의 기 준에서 벗어나 내 기준으로 조금씩 옮겨가기 시작했다.

꿈을 알아가는 시간

전교 학생회장을 하는 친구들의 성향은 동서양이 다르지 않았다. 미국 중학교에 다니면서 성적과 대학 이름이 주된 기준이 아닐 뿐, 그들도 우리처럼, 아니 우리보다 더 '잘나가는 아이들Cool Kids'과 '찌질한 아이들Losers'을 철저히 구별한다는 걸 알았다.

미국의 중학교는 모두 이동수업이라 정해진 반이 없다. 그러다 보니 쉬는 시간에는 자연스레 복도에 모여 친구들끼리 둥그렇게 둘러 (그 모습이 마치 남극에 사는 펭귄

들 같아 나는 미국 청소년 사회를 '펭귄 사회'라고 부른다.) 잡
담하면서 장난을 친다. 그런 서클이 여러 개가 생기는
데, 그중 학생회장이 속한 펭귄 무리가 가장 견고했다.
아무런 백그라운드 없이 비집고 들어가려 했다가는 학교
에서 가장 핫하다는 그 아이들에게 톡톡히 망신을 당했
다. '평범한 펭귄'은 절대 끼워주지 않았다. 우월감에 취
해 사는 그 친구들이 불쌍했다. 하지만 가슴 한편에서는
"너도 똑같은 사람이었으면서 뭘 그래."라고 추궁하는 것
만 같았다.

어느 날, 문학 수업 중 에머슨Ralph Waldo Emerson의 '성공
Success'이란 시를 배울 때였다.

"세상을 좀 더 나은 곳으로 만들고 떠나는 것
내가 한때 이곳에 살았으므로 해서
단 한 사람의 인생이라도 행복해지는 것
이것이 진정한 성공이다."

마지막 부분을 읽는 순간, 그동안 '나에게 소중한 게

뭘까, 나는 무슨 일을 하며 살아야 행복할까'를 고민했던 머릿속이 시원해지는 느낌이 들었다.

'나도 이렇게 살아야 하지 않을까?'

그리고 결심했다.

'그래. 단 한 명이라도 더 나은 삶을 살 수 있도록 아이디어를 보태고 실천하는 것, 나는 여기서 가치를 느끼는 사람이지 않을까? 친구들과 함께 우리가 속한 공동체를 지금보다 더 살기 좋은 공간으로 가꾸어 나가보자. 그 일에서 행복을 찾아보자!'

중3 때 한국으로 돌아와 운 좋게 전교 학생회장이 된 나는 학교를 즐겁고 재미있는 곳으로 만들고 싶었다.

'이번엔 진짜 제대로 해보자. 나 혼자 잘난 놈이 아니라 친구들과 함께 공감하며, 학교를 즐겁고 행복하게 만들어보자!'

가장 먼저 눈에 들어온 건 흔히 '일진'이라 불리는 친구들과 선생님들의 끊이지 않는 다툼이었다. 선생님들은 그들이 왜 담배를 피우고 말썽을 부리는지, 수업시간에 왜 잠만 자는지 이해하려 하지 않았다. 처벌이 우선이었다. 이해할 수 없었다.

'왜 다들 저렇게 반응하실까? 그렇게 해서는 그 친구들도 안 달라지고, 선생님들도 화만 더 날 뿐 해결이 안될 텐데……'

왜 담배를 피우는지, 수업시간에는 왜 잠만 자는지 궁금해진 나는 그 아이들과 이야기를 해보았다. 그러고 나서 담배를 피운다고 나쁜 학생들이 아니며, 답안지에 이름만 써서 내거나 수업시간에 누워 잔다고 해서 그들이 전교 1등보다 쉽게 살고 있는 게 아니라는 사실을 알았다. 그들은 그럴 수밖에 없는 환경과 상황 속에 있었고, 나는 그런 상황과 환경을 만나지 않았을 뿐이었다. 불공평했다.

그 친구들이 먼저 행복해야 모두가 행복해지고, 학교라는 우리들의 세상이 좀 더 공정해진다는 걸 알았다.

'어떻게 하는 게 좋을까?'

고민 끝에 학생회에서 '또래상담부'를 만들고, 지속적으로 만나면서 이야기를 나누었다. 처음엔 경계하던 친구들도 시간이 지나자 조금씩 마음을 열었다. 상담을 전공하신 선생님이 우리를 도와주셨다. 그들은 조금씩 달라졌고, 선생님들은 학교가 이렇게 조용했던 적이 없다며 놀라워했다. 처벌이 아닌, 관심과 대화가 만들어낸 결과였다.

또 미국 학교에서 혼자 먹는 점심에 익숙해진 나는 후배들이 밥을 먹는 급식시간에 가서 자연스럽게 말을 걸었다. 학교에 바라는 건 없는지, 학생회가 무엇을 해주었으면 좋겠는지 물었다. 혼자 먹는 친구가 보이면 같이 먹었다. 그랬더니 몇 개월 지나자 그들이 먼저 다가왔다. 복도를 지나다 혹은 급식실에 마주 앉아 수다 떨듯 나눈 대화로 학교는 좀 더 즐거워졌다.

점심시간에는 체육기구들을 개방해 학생들이 축구공, 농구공 등을 맘껏 쓰며 놀던 미국 중학교의 제도를 도입했다. 미국 학교처럼 완전한 개방은 아니었지만, 학생들이 학생회 임원들에게 학생증을 맡기고 체육기구를 빌려가도록 했다. 대박이었다. 매일 축구를 하던 몇몇 남학생들은 물론이고, 여학생들도 체육관에서 배드민턴을 치는 등 많은 아이들이 활기찬 점심시간을 보냈다.

물이 위로 솟구치는 음수대도 설치했다. 미국 학교에는 음수대가 곳곳에 있었는데, 한국 학교에는 음수대가 없었다. 학생들이 수도꼭지 밑으로 턱을 밀어넣은 채 입을 벌려 물을 마셨다. 교복 셔츠가 자주 물에 닿아 젖으니 여학생들은 애초에 물을 마실 생각을 하지 않았다. 음수대를 설치하자는 우리의 제안에 교장 선생님은 흔쾌히 바꿔 주셨다.

또래들과 함께 행복한 학교를 만들려 노력했던 중학교에서의 1년 동안 나는 사는 게 뭔지를 체험했다. 고민한 아이디어들이 현실에 반영되고, 친구들이 활짝 웃는 모습에서 마침내 보람과 행복과 가치를 느끼는 나를 발견했다. 에머슨의 시를 배운 후 머릿속으로만 정해 놓았던 꿈을 몸이 알아 버렸다.

공부에 묻혀 버린 꿈

고등학교에 들어갔다. 이 학교엔 갈 생각이 없었다. 남고였기 때문이다.

'남고, 여고는 대체 누가 만든 거야?'

이해할 수 없었지만, 설명회나 한번 가보자 생각했다.

"서울대 합격률 1위지만, 서울대에 보내기 위해 학생들을 가르치지 않습니다."

학교는 당당하게 말했다. 그래서 성적만으로 학생들을 뽑지 않는다고 했다. 창학정신인 신언서판身言書判, 즉 '학생의 몸가짐이 어떤가, 말을 편안하게 잘하는가, 글을 조리 있게 잘 쓰는가, 생각이 어떤가'를 본다며, 지원자들 모두를 각각 따로 만나 대화를 나눈다고 했다. 뭔가 특별해 보였다.

'그래. 여기가 내가 가야 할 고등학교야!'

그것은 죽어도 남고는 가지 않겠다는 내 의지를 접을 만큼 강한 끌림이었다.

마침내 입학했으나 창학정신은 창학정신일 뿐, 당시 매년 서울대 합격률 전국 1위를 기록했다는 학교의 현실은 여타 학교와 별반 다르지 않았다. 자습, 자습, 자습의 연속이었다. 기숙형 학교인 그곳에서 공부 외에 딱히 관심을 가질 만한 일도 없었다. 또 시내까지 나가려면 20분을 걸어 시외버스를 타고 30분이나 가야 할 만큼 시골에 있는 학교라 다른 걸 할 만한 환경도 아니었다.

2학년 중간고사 일주일 전, 4월 16일이었다. 핸드폰도 인터넷도 TV도 볼 수 없던 평일 낮. 평소와 달리 쉬는 시간만 되면 선생님들이 큰일이라도 난 듯 수군댔다.

'왜 그러지? 학교에 뭔 일 있나?'

오후 시간, 교실에 들어온 문학 선생님이 말씀하셨다.

"배가 침몰했다. 고등학생이 300명 넘게 타고 있는데, 모두 구조할 수 있단다."

우리는 다시 수업에 집중했다. 저녁 9시 간식 시간 동안은 TV를 틀어주었는데, 그에 맞춰 켜진 TV 화면을 보는 순간 교실이 쥐죽은 듯 조용해졌다. 진도 앞바다에서 가라앉는 세월호가 나왔고, 그 안에는 수학여행을 가던 단원고 2학년 아이들이 아직도 250여 명 넘게 타고 있다는 말이 들려왔다. 동갑내기들이었다.

20분이 지나자 여느 날과 다름없이 TV는 꺼졌다. 웬만하면 놔둘 만도 한데, 인정사정 보지 않았다. 여기저기 웅성거리는 소리가 들리다가 야자 감독 선생님이 돌자 친구들은 다시 자리에 앉아 책으로 눈을 옮겼다.

놀란 가슴을 애써 눌러 앉힌 나도 시험공부를 이어나갔다. 신문과 주간지를 구독하면서도 '중간고사 끝나면 몰아서 읽어야지.' 생각하고는 받는 족족 껍데기도 벗기지 않은 채 사물함 속에 처박아 버렸다. 궁금했으나 모두 무사히 구조될 거라고 믿었다.

중간고사가 끝났다. 기숙사에서 자고 일어나 저녁을 먹은 다음 다시 교실로 향했다. 시험이 끝난 날이라 공부할 분위기는 아니었다. 사물함에 쌓아둔 신문과 주간지를 모조리 꺼내 차례대로 읽어 내려갔다.

읽을 수가 없었다. 조용히 복도로 나갔다. 마찬가지였다. 화장실로 갔다. 울음소리가 밖으로 새어나갈까 입을 꽉 다물었다. 신문지 위로 눈물이 뚝뚝 떨어져 내렸다.

부끄러웠다. 동갑내기 친구들과 그의 부모님들, 지켜보던 국민 모두 슬픔에 잠겨 고통받고 있을 때, 시험 잘 보겠다고 공부만 하고 있던 내가 정말 부끄러웠다.

'이런 내가 사람들이 지금보다 더 행복한 삶을 살 수 있는 세상을 만드는 게 꿈이라고 말할 수 있을까!'

심지어 난 당시 전국청소년정치외교연합(YUPAD)이라는 정치외교사회 분야 국내 최대 청소년 단체의 회장이었다. 너무나 미안했다.

입학해서 처음으로 고등학생은 뭘 해야 하는지 생각했다. 내신 챙기고 수능 공부나 하면서 사는 것? 아니었다. 어른이 된 후가 아니라 지금부터 당장 내 꿈에 맞는 삶을 살아야 했다.

뭐라도 할 수 있는 일이 있겠지 싶어 무작정 광화문으로 갔다. 세월호 진상 규명 서명지를 한 묶음 들고 학교로 돌아왔다. 점심시간에 급식실 앞에서 서명을 받아 유가족들께 보내드렸다.

그 후 정말로 세상을 바꾸려면 어떻게 해야 하는지 알기 위해 여기저기 돌아다녔다. 마음을 움직여 잡아끄는 일이라면 무엇이든 덤벼들었다. 강연도 찾아다니고, 여러 분야의 전문가들을 만나 인터뷰도 해보고, 달동네도 가보고, 집회 현장에도 가보았다.

2014년은 사드THAAD, 댜오위다오(센카쿠 열도) 문제 등으로 한·중·일 관계가 아주 시끄러웠다. 이웃 나라들과의 갈등에 대해 알아보던 나는 150년간 네 번이나 전쟁을 치르면서 심각하게 악화된 독일과 프랑스의 관계 회복에 공동 역사 교과서가 큰 역할을 했고, 그 아이디어가 프랑스와 독일의 청소년들이 모인 자리에서 나왔다는 사실을 알게 되었다.

'우리 전국청소년정치외교연합에서 한·중·일 청소년들을 한자리에 모으면 어떨까?'

각 나라의 미래를 이끌어갈 청소년들을 모아 민감한 사안들과 관련해 생각을 나누고, 서로를 이해하면서 평화를 도모하는 자리를 만들어보고 싶었다. 하지만 무엇부터 시작해야 할지 몰랐다.

과연 될까 두렵기도 했지만, 먼저 아시아 국가 출신의 리더들을 키우는 데 열정을 보태는 하버드 아시아 리더십 센터에 연락했다. 마침 그곳에서 일하는 분과 이런저런 일로 알고 지내던 중이었는데, 그는 정말 좋은 아이디어라면서도 의구심을 나타냈다.

"너희들이 그런 큰일을 해낼 수 있겠니?"

고등학생에게 누구라도 가질 만한 의심이었다.

"그럼 먼저 유네스코 한국위원회의 후원을 받아내겠습니다. 그 정도면 참여해 주실 수 있나요?"

우리는 곧바로 유네스코 한국위원회를 찾아가 이름과 장소 후원을 따냈다. 그리고 하버드 아시아 리더십 센터, 한 · 중 · 일 협력사무국Trilateral Cooperation Secretariat, TCS, 동북아역사재단 등 이름을 들으면 알 만한 여러 단체로부터도 후원을 받아냈다.

마침내 3박 4일에 걸친 한 · 중 · 일 청소년 국제 포럼이 열렸다. 다양한 갈등을 겪고 있는 세 나라의 청소년들을 한 자리에 모았다는 사실에 가슴이 벅찼다. 그 자리에 모인 우리들은 세 나라가 함께 협력해 평화로운 미래로 나아가기를 원한다는 사실을 확인했다.

포럼을 개최하는 과정에서 어떻게 설득하고 협상해야 원하는 것을 얻을 수 있는지, 메시지를 효과적으로 전달하는 방법은 무엇인지, 공문은 어떻게 쓰는지, 공적인 일은 어떻게 처리해야 하는지 등을 배웠다. 학교에서는 절대 가르치지 않는 것들이었다. 내 꿈은 조금씩 더 구체적이고 정교해져 갔다.

2장
서울대에 온 한국인 유학생

전 수능
안 보겠습니다

"수능으로는 대학 안 가겠습니다."

21세기에 오지선다형 문제 푸는 능력으로 대학에 간다는 걸 이해하기 어려웠던 나는 학교에 선언했다. 세월호 참사를 겪은 후 지금 당장 심장 뛰는 일을 하며 살겠다고 다짐한 내게 수능은 좋은 길이 아니었다. 선생님들은 제정신이 아니라고 했지만, 나의 대입전략은 학생부종합전형(학종)과 유학이었다.

수시 학종은 고등학교에 다니는 동안 여러 가지 활동을 한 나에게 딱 맞는 전형이었다. 내가 살아온 인생을 대학들이 충분히 인정해 줄 거라 생각했다. 또 하나, 학종과 비슷한 방법으로 평가하고 당락을 결정하는 미국의 대학은 어려서부터 살아온 내 삶을 가장 잘 보여줄 수 있는 곳이었다.

그러나 선생님들은 생각이 달랐다. 국내 대학으로는 서울대는커녕 잘 가야 성균관대, 서강대 정도라고 했다. 학종도 실제로 학생을 뽑을 때는 내신을 보고 뽑는다고, 그러니 쓸데없는 짓 말고 앉아서 공부나 하라고 했다. 하지만 난 충분히 서울대를 비롯한 SKY에서 공부할 실력과 자질을 갖추었고, 그간의 내 삶이 그걸 증명할 거라고 믿었다.

고등학교에 다니는 동안 나는 서울대 입학설명회에 세 번을 갔다. 세종에서 한 번, 창원에서 한 번, 서울에서 한 번. 서울대 입학사정관들은 그때마다 신신당부하며 말했다.

"우리는 학종에서 내신으로 학생을 뽑지 않습니다."

성적으로 뽑지 않고 학생들이 살아온 삶을 본다며, 공부만 하지 말고 지금부터 자신의 꿈을 펼쳐나가라고 했다. 높은 성적이 그 학생이 서울대가 추구하는 "세계사적 소명을 실천하는 창의적 지식 공동체"에 부합하는 훌륭한 인재인지 아닌지 말해 주지 않는다고 했다.

나는 할 수 있는 한 맘껏 꿈을 펼쳤다. 역량을 발휘하며 고등학생 시절을 보냈다. 그리고 서울대를 비롯해 연세대, 고려대, 성균관대(한 장을 두고 성균관대와 서강대 사이에서 고민하다가 서강대가 박근혜 대통령이 졸업한 학교라는 말을 듣고 성균관대로 지원했다.)에 원서를 넣었다.

하지만 서울대는 보기 좋게 내 뒤통수를 쳤다. 학종에서는 내신성적을 보지 않는다고 했던 서울대는 무서울 정도로 정확하게 우리 학교 전교 1등부터 10등까지를 1차에 합격시켰다. 다른 대학도 예외가 없었다. 오직 고려대만 전교 1등부터 5등까지 합격시킨 다음, 다른 지원자들보다 내신 순위권에서 한참 밑에 있는 나를 1차에 합격시켰다.

'아니, 하버드도 날 대기자 명단에 넣었는데, 한국 대학들은 왜 날 1차에서 깔끔하게 떨어뜨린 거지?'

내색은 안 했지만, 그 또한 이해할 수 없었다.

대입 발표가 나던 비슷한 시기에 나는 '대한민국 인재
상' 후보에 올랐고, 최종 수상자가 되었다. 그 상은 유명
학교에 다니는 사람에게 주는 상도, 내신 좋은 사람에게
주는 상도 아니었다. 저마다의 분야에서 열정을 갖고 의
미 있게 살아가며, 사회 발전에 기여한 청소년들에게 주
는 상이었다. 내가 수상하기 바로 이전 해에는 가수인 악
동뮤지션이 받았고, 손연재와 김연아도 받았다.

세종문화회관에서 성대한 시상식이 열렸다. 당시 교육
부 장관인 황우여가 모든 수상자들에게 각각 상장을 수
여하고 악수를 했다. 하지만 나는 그와 악수를 할 수 없
었다. 한참을 생각해 봤지만, 그럴 수 없었다. 대한민국
고등학생 중 정치외교 분야에서 대한민국 인재상 수상자
로 선정된 내가, 한때 청소년을 대변한다는 전국청소년
정치외교연합 회장을 했던 내가 고등학생 대부분이 반대
하던 '역사 교과서 국정화'에 앞장선 그 앞에 고개 숙이
며 악수를 한다는 건 아무래도 아닌 것 같았다.

눈앞에 나타난 그에게 어떤 식으로든 "우리 고등학생

들은 당신들의 교육정책에 반대합니다."라는 메시지를 던지고 싶었다. 시상식장에서 질문을 안 받는 그에게 내가 할 수 있는 거라곤 고작 악수 거절뿐이었다. 시상식 시작부터 그의 악수를 거절하기까지 내 심장은 쉴 새 없이 쿵쾅거렸다. 터질 것만 같았다. 마침내 나는 내미는 그의 손을 쳐다만 보았다.

"오, 학생 그러면 안 돼요!"

내가 악수를 거절하고 지나치자 옆에 서 있던 한국과학창의재단 이사장이 무슨 큰일이라도 난 듯 호들갑을 떨었다. 시상식장이 발칵 뒤집혔다. 나를 붙잡더니 장관 쪽으로 다시 데려갔다. 그래도 내가 3초 정도 가만히 쳐다보고만 있자 황우여는 슬며시 내 손을 끌어당겼다.

어수선했던 시상이 끝나고 내려올 때였다. 수상자 후보에 오른 나를 면접했던 면접관이 내 팔을 붙잡고 말했다.

"성현 군, 면접 때 나에게 했던 주변 사람들을 행복하게 해주며 살겠다는 말, 지금 그 마음, 변치 말고 끝까지 살아 주세요."

대한민국 인재상을 받고 난 나는 더 많은 의문에 휩싸

였다.

'왜 한국 대학들은 날 인정하지 않았을까? 왜 그들 스스로 한 말을 부정하며 내신성적순으로 학생들을 뽑았을까?'

궁금하고 아쉬웠다. 미국에서의 중학교 생활 이후 극복했던, 남의 시선에 나를 맞추려는 마음이 다시 고개를 드는 것 같아 생각을 다잡긴 했지만, 그렇다고 서운하지 않은 건 아니었다.

뉴욕주립대로 가다

다행히도 한국 대학과 동시에 지원한 미국의 몇 개 대학에 합격했다. 시러큐스대학교 맥스웰 행정대학Syracuse Maxwell School과 뉴욕주립대State University of New York, Albany였다. 대기자 명단wait list에 들었던 하버드에는 떨어지고 말았다.

시러큐스 맥스웰은 정말 가고 싶은 곳이었다. 공공정책 및 행정 분야에서만큼은 세계 최고 수준의 대학으로, 하버드대학교 케네디 행정대학에 비견되는 곳이었다. 그런데 학비가 너무 비쌌다. 그나마 상대적으로 학비가 싼 뉴욕주립대로 향했다.

도착한 지 얼마 되지 않아 뉴욕주립대 록펠러 행정대학에서 주최하는 개강 파티가 열렸다. 그곳 개강 파티는 소속 교수, 대학원생, 학부생들을 모두 초대하는 큰 행사였다. 공공정책 전공인 나도 당연히 초대를 받았다. 사실, 신입생 대부분은 아는 사람 하나 없는 이런 대규모 행사에는 잘 가지 않는다고 했다. 하지만 난 갔다.

'어차피 내 돈 내고 다니는 학교, 잃을 건 없겠지!'

단단히 마음을 먹었음에도 조금은 무거운 분위기에, 아는 사람 하나 없고 겪어본 적 없는 파티장은 많이 어색했다. 눈치가 보였다.

그때 한 교수님이 다가와, 딱 봐도 신입생인 내가 뻘쭘하지 않도록 먼저 말을 걸어주었다. 학생에게 관심이 많은 분이었다. 그곳 교수님들은 대부분 그랬다. 학생들을 적극적으로 돕고 싶어 했다. 그러다 한 교수님과 이야기를 나누던 중 내 관심 분야를 얘기했더니, 그 분야를 연구하는 교수님께 데려가 말했다.

"이 친구가 네가 연구하는 쪽에 상당히 아는 게 많은 것 같아."

소개받은 교수님은 이를 활짝 드러내며 웃는 얼굴로 나를 반겼다.

그렇게 두어 시간 동안 자연스럽게 여러 교수님을 만났다. 그중 전국청소년정치외교연합에서 활동한 이야기, 한·중·일 청소년 국제포럼을 열었던 이야기 등을 유심히 듣던 한 교수님이 제안을 해왔다.

"내가 운영 중인 정책 연구소가 하나 있는데, 거기서 같이 일해 보지 않겠나?"

1학년은 학교 연구소 소속으로는 일을 할 수가 없었다. 하지만 그분은 그 부분까지 문제 안 되게 직접 행정 처리를 해주었다. 그렇게 입학하고 일주일이 채 안 되어 나는 얼떨결에 학교에서 일자리를 얻게 되었다.

동아리를 찾아볼 때도 같은 일이 일어났다.

'학교에 이런 정당 동아리가 있다고?'

미국 민주당 동아리를 보고 궁금해진 나는 개강 후 첫 모임에 분위기나 살필 겸 참석을 했다. 2016년 9월, 미국 대선 중이어서 그랬는지, 그 자리에는 힐러리 클린턴 대선 캠프 스태프가 와 있었다. 그는 인턴을 더 모집하고 있으니 관심 있으면 연락을 달라고 했다. 마침 가방에 이력서resume를 갖고 있던 나는 곧바로 꺼내 건네주었고, 그 다음 주부터 캠프에서 일을 시작했다.

　뉴욕주립대에서는 첫 학기임에도 4학년을 대상으로 한 수업도 들을 수 있었다. 과감하게 신청했다. 정치학과 4학년들이 듣는 수업에서는 5장짜리 에세이를 1주일에 하나씩 써오라고 했다. 그들은 학생들에게 단순 지식이 아닌, 각 전공 분야에서 21세기에 꼭 필요한 능력을 키워주고 있었다. 힘들어 죽는 줄 알았다.

　수업시간에 나는 질문도 자주 하고 종종 반론도 펼치는 학생이었다. 교수님들은 그런 참여를 진심으로 좋아했고, 그 결과 첫 학기에 학교 우등생 명단Dean's List에 들었다. 친구들에게 인정받아 교내 선거에도 나갔다. 총학생회에서 내가 속한 사회과학대를 대표하는 의원을 뽑는 선거였다. 아쉽게 떨어졌지만, 나로서는 한반도를 벗어나 치러본 첫 선거였다. 재미있는 경험이었다.

늘 예상을 뛰어넘는
미국의 교수들

뉴욕주립대에서 채 1년이 지나지 않아 나는 그곳을 떠났다. 짐을 싸 서부에 있는 브리검영대학교BYU, Brigham Young University로 학교를 옮겼다. 브리검영대학교는 적은 학비에 학부 교육을 중심으로 하는 좋은 학교였다.

학비 부담도 문제였다. BYU는 알 만한 사람 사이에서는 잘 가르치기로 유명한 학교지만, 어디 있는 건지부터 묻는 한국 사람들에겐 '듣보잡'이나 마찬가지였다. 하지만 그런 건 딱히 중요하지 않았다. 어차피 박사, 적어도 석사까지는 미국에서 공부를 계속하고 싶은데, 굳이 조금 더 유명한 대학을 고집하면서 돈을 낭비할 필요가 없다고 생각했다.

또 미국의 유명 대학들은 대학원 중심의 대학이 많았다. 유명하진 않아도, 학비도 저렴하고 잘 가르친다는 학부 중심의 학교로 옮기는 게 마땅했다. 뉴욕주립대에서 친구들과 이별한 나는 꼬박 3박 4일을 버스(뉴욕~시카고)와 기차(시카고~유타)를 갈아타며 BYU로 향했다.

기숙사에서 여섯 명이 함께 사는 BYU에는 뉴욕주립대와는 또 다른 문화와 분위기가 있었다. 하루는 다른 동의 여자 방에서 우리 모두를 저녁 식사에 초대했다. 음식은 초대한 쪽에서 직접 다 만들어 준비했고, 우리는 디저트만 몇 개 사 갔다. 열두 명이 같이 저녁식사를 하면서 놀고 난 몇 주 후에는 우리가 저녁을 준비해서 초대했다. 그 또한 새로운 경험으로, 데이트를 이런 식으로도 하는구나 싶었다.

BYU에서도 정치학 교수님의 연구팀에 들어갔다. 뉴

욕주립대에서는 일한 대가로 "학점을 받을래, 돈을 받을 래" 묻길래 학점을 선택했었다. 내가 일한 시간을 모두 학점으로 환산해서 받았다. BYU에서는 돈을 받아보기로 했다. 한 시간에 10달러 정도였으니 적은 돈이 아니었다.

미국 국적자가 아닌 나는 돈으로 받으려면 관계 기관 에 가서 등록도 해야 하고, 승인도 받아야 했다. 일 시작 전에 거쳐야 하는 절차가 무척 복잡했다. 교수님과 학교 의 도움으로 필요한 서류들을 준비해 국세청, 시청 등을 돌아다녔다. 미국에서 이거 하나 받으려고 난리를 친다 는 사회보장번호Social Security Number(한국의 주민등록번호와 비슷함)를 그렇게 받았다.

게다가 학부 중심 대학인 BYU는 학부생들에게 많은 기회를 주었다. 적극적으로 찾아나서는 학생에게는 지원 을 아끼지 않았다. 나는 불과 한 학기도 다니지 않았음에 도 천만 원 가까운 장학금을 받고 영국의 케임브리지대 학에 가게 되었다.

'영국에 갔다가 바로 한국으로 갈까?'

영국행이 결정된 후 고민에 빠졌다. 군 문제를 해결하 려면 어차피 언젠가 한 번은 가야 할 한국이었다.

'그래, 이왕 가는 거 한국 대학에도 한번 지원해 보자!'

한국 대학에서 받아준다면 고려대였으면 했다. 내가 지원한 몇 개 대학 중에 고려대만 성적순으로 저 아래쪽에 있는 나를 1차에 붙여준 학교라 그런지 뭔가 끌렸다. 하지만 서울대로 정했다. 다들 최고라 하는 그 대학이 진짜 최고인지 확인해 보고 싶었다.

그런데 지원 과정에서 조금 난감한 일이 생겼다. 추천서가 문제였다. 한 학기도 채 안 다닌 학교의 교수님들한테 추천서를 부탁하기가 너무나 죄송했다. 한참을 고민했다.

'에이, 내가 언제부터 눈치 보면서 일했다고……'

생각이 드는 순간 가장 가깝게 지내던 교수님 두 분을 찾아갔다.

"한국 대학을 가보려고 합니다. 저는 미국에서 학교를 나와도 한국으로 돌아가 한국 사회의 발전을 위해 일을 하고 싶습니다. 한국의 대학을 다녀보면 미래에 그런 일을 하는 데 좋은 경험이 될 것 같은데, 그러려면 교수님의 추천서가 필요합니다."

솔직하게 말했다.

"멋진 생각일세!"

교수님들은 내 말을 듣자마자 흔쾌히 추천서를 써주겠다고 했다. 프라이팬에 콩 튀듯 튀었던 가슴이 편안해졌다.

"제가 초안을 작성할까요?"

조심스레 물었다.

"아니, 내가 알아서 써줄 테니 언제까지 필요한지만 알려주면 되네."

미국 대학의 교수님들은 늘 내 예상을 뛰어넘었다.

나는 우리가 세계에서 최고 대학이라고 입이 마르도록 칭찬하는 '하버드대 출신' 교수님께 추천서를 받아 서울대에 보냈다. 서울대도 기꺼이 나를 불러주었다. 영국 케임브리지대학을 거쳐 마침내 서울대에서 배울 수 있게 된 것이다.

'이렇게 친절히 와달라고 하다니…… 내가 서울대 1차도 통과 못한 학생이라는 걸 알고는 있을까?'

씁쓸, 기쁨, 기대가 한꺼번에 섞이면서 기분이 묘했다.

700년 된 대학, 케임브리지

케임브리지대학은 매일 아침 기숙사를 나서면 노트 커버나 윈도 바탕화면에 나오는 장면이 눈앞에 펼쳐지는 곳이었다. 신기했다.

나는 세계 경제사에 가장 뚜렷한 족적을 남긴 경제학자 케인즈John Maynard Keynes가 쓰던 방의 바로 윗방에서 지내게 되었다. 케인즈가 지내던 방은 기숙사 사무실로 쓰고 있었다. 그곳에서 지내고 싶은 학생들의 오랜 다툼 끝에 다다른 해결방안이 아니었나 싶다.

'찰스 다윈이 살았던 방' 같은 문구는 학교와 시내를 걷다 보면 예사로 보였다. 하루는 길을 걷다 사과나무를 보았는데, 뉴턴에게 만유인력의 법칙을 깨닫게 해준 사과나무의 손자뻘(?) 되는 나무라고 했다. 내가 하루하루 학교를 다니는 건지, 박물관에 있는 건지 헷갈릴 정도였다. 700년 된 대학이라니, 다르긴 달랐다.

전통을 고집하는 케임브리지대학은 오랜 대학 문화가 많이 남아 있었다. 해리포터를 보면서 호그와트 학교에 그리핀도르, 슬리데린 같은 것들이 왜 있을까 생각했는데, 그 역시 영국의 대학 문화 중 하나였다. 케임브리지 대학에도 학교 안에 킹스칼리지, 트리니티칼리지처럼 먹고 자는 공간이 분리되어 있었다. 내 생활공간이 킹스칼리지였다.

한번은 킹스칼리지에 사는 모든 학생이 해리포터에 나오는 연회장 같은 곳에 모여 저녁 만찬을 했다. 옆 사람, 앞사람 가리지 않고 모두 시끌벅적 수다를 떨고 있을 때, 학장님이 만찬장으로 들어왔다. 갑자기 분위기가 엄숙해졌다. 이내 그가 만찬장 가운데 있는 연단에 오르자 모든 학생이 조용히 일어섰다. 그러고는 알아들을 수 없는 이상한 말로 주문 같은 걸 외우기 시작했다.

"뭐라는 거야?"

옆 친구에게 속삭여 물었다.

"라틴어야."

생전 처음 라틴어를 들었다.

학장님의 주문(?)이 끝나고 환영 인사와 함께 건배를 외치며 잔을 들었다. 내가 있는 동안에만 그런 만찬이 다섯 번이나 열렸는데, 모든 만찬에는 정장을 입고 가야 했다.

좋은 것만 있는 건 아니었다. 특히나 식생활이 문제였다. 미국 대학은 대부분의 식당이 뷔페식이었다. 게다가 내가 원하는 시간에 가서 원하는 만큼 먹을 수 있었다. 하지만 케임브리지대학에서는 한 끼가 아니라 음식 하나하나에 가격을 매겨 계산했다. 놀랐다. (서울대에 와서는 더 놀라고 말았지만) 고기는 너무 비싸 엄두를 내지 못했고, 토마토조차 개수를 세어 값을 매겼다. 너무 비쌌다!

미국에서도 식비를 아끼느라 아침은 시리얼로 때우고, 저녁은 직접 만들어 먹었다. 점심만 학교 식당에서 해결했는데, 그때만큼은 마음껏 먹을 수 있었다. 또 미국은 고기가 워낙 싸서 직접 요리해 먹어도 되었다. 케임브리지대학에서는 상상도 할 수 없는 일이었다.

고기를 못 먹고 몇 주를 지냈더니 몸에서 단백질이 모자란다며 아우성을 부렸다. 유일하게 개수 단위로 값을 받지 않는 리코타 치즈를 그릇에 가득 담아가 퍼먹었다. 자주 먹어 물린 후부터는 마트에서 아몬드를 한 박스씩 사서 방에 놔두고 집어 먹었다.

그럼에도 케임브리지대학은 무수한 매력을 지닌 학교였다. 그중 하나는 유럽에 있다는 점이었다. 수업이 없는 금요일에는 목요일 수업까지 째고 4일 동안 파리를 다녀온 적도, 베를린을 다녀온 적도 있다. 친구들과 차를 빌려 스코틀랜드를 갔다 오기도 했다.

첫날부터 노숙이어서 그랬는지 파리 여행은 유난히 기억에 남는다. 런던에서 파리로 갈 때 차비를 아끼려 가장 싼 새벽 5시 기차를 끊었는데, 새벽에 케임브리지에서 런던으로 가는 차가 없었다. 어쩔 수 없이 전날 밤 막차로 가서 몇 시간 노숙을 해야 했다. 오후에는 케임브리지대학에서 영국의 전 문체부 장관과의 간담회에 참석하고, 밤에는 해리포터 촬영지라 여행객들이 일부러 찾는다는 런던 킹스크로스 역에서 노숙을 하는 나를 보면서 헛웃음이 났다.

혼자 또는 친구들과 여행을 다니면서 나는 그렇게 세상을 배워갔다.

서울대 교수들과
오피스 아워

케임브리지에서의 꿈 같은 한 학기를 훌쩍 보내고, 런던에서 인도, 홍콩을 경유해 마침내 나는 서울에 도착했다.

'과연 한국에서 가장 최고라는 서울대는 나에게 어떤 경험을 선물할까?'

뛰는 가슴으로 '샤' 정문을 들어섰다.

서울대에서도 나는 다른 대학에서 제일 먼저 했던 일을 오자마자 실행에 옮겼다. 교수님들 찾아가기였다. 학교가 어떤 교육을 하고 있는지, 어떤 교육 문화를 가졌는지를 알아보는 나만의 방법이었다. 먼저 내가 듣는 강의를 담당하는 교수님들을 찾았다.

교수님들에게는 '연구실에 있을 테니 무엇이든 물어볼 게 있으면 찾아오라'고 만들어진 오피스 아워office hour가 있다. 수업 내용, 자료 등을 보고 궁금한 부분에 대해 학생이 교수님과 이야기하며 풀기도 하고, 최종적으로 과제를 제출하기 전에 점검받고 어떤 부분을 더 깊게 파고들어야 좋을지 얘기하는 시간이 되기도 하며, 인턴이나 졸업 후 진로를 의논하고 추천받는 자리가 되기도 한다.

미국과 영국의 대학에서는 이 시간에 교수님을 만나려는 학생들이 너무 많아 하염없이 줄을 서서 기다리기도 했다. 심지어 수강하지 않는 교수님을 찾아가기도 하는데, 케임브리지대학에서는 장하준 교수님이 그랬다. 그분 수업을 듣지는 않았지만, 물어보고 싶은 게 많아 오피스 아워에 자주 찾아갔다. 사실, 해외에서 대학을 다니면서 느끼는 가장 아쉬운 부분이 수업에 등장하는 모든 사례가 다 해외 사례라는 점이다. 특히 사회과학을 전공할 경우 더욱 그렇다. 그래서 한국과 관련해 이야기를 나눌 사람을 찾게 되는데, 케임브리지대학에서는 장하준 교수님이 그런 분이었다.

하지만 서울대는 오피스 아워에 교수연구실에 교수님이 없었다. 한 분만이 아니라 모두가 그랬다. 해외에서 대학을 다니다 온 나로서는 충격적인 일이었다. 몇 번을 갔는데도 만나지 못해 이메일을 보냈더니 찾아오는 학생이 아무도 없어 그런다는 답이 돌아왔다. 그러고는 따로 시간을 내주시긴 했다.

그 일을 겪고 난 후 친구들에게 물었다.

"오피스 아워에 교수님들을 찾아가 본 적 있니?"

"오피스 아워? 없는데……."

학교에 다니는 동안 단 한 번도 오피스 아워에 교수님을 찾아가 보지 않은 학생들이 대부분이었다. 아니, 내가 물어본 학생 중엔 단 한 명도 없었다. 정 필요하면 조교를 찾아간다며 말했다.

"교수님들은 워낙 하늘 같아서……."

안 찾아가는 학생들만이 아니라 교수님들의 권위적인

태도도 문제였다. 그 어떤 교수님도 학생의 과제를 봐주거나 비평하는 시간을 갖지 않았다.

　미국이나 영국에서는 교수님들이 수업마다 성의를 다했다. 부시 정부, 클린턴 정부에서 중요한 자문을 했다는 유명 교수님들부터 경력 짧은 젊은 교수님들까지 가르치는 열정만큼은 차이가 없었다. 한 학기 동안의 수업은 매 순간 매끄럽게 이어졌고, 질문에 적극적으로 답했으며, 찾아오는 학생들에게는 조금이라도 더 잘 설명해 주려 노력했다. 게다가 모든 과목의 마지막 강의는 매우 감동적이었다. 교수님 본인의 철학과 인생 교훈을 담아낸 마지막 강의에서 학생들은 기립 박수를 보내며 학기를 마무리했다. 그런 장면들을 잊을 수가 없다.

　하지만 서울대는 그렇지 않았다. 기대가 커서인지 대충대충 가르치는 것 같은 느낌이었다. 매시간 수업이 각기 따로 놀며 이전 수업과 다음 수업이 연결되지 않았다. 자기 할 말만 하고는 학생들에게 질문하지 않는다고 핀잔을 주었고, 겨우 용기를 내 질문하면 "지금까지 그렇게 수업을 들었는데, 아직도 그걸 이해 못했어요?"라고 쏘아

댔다.

마지막 강의에는 기립 박수는커녕 진도를 다 나가지도
않고 끝냈다. 그것도 서울대 경제학과에서 강의 실력이
제일 좋다는 교수님이 그랬다.

"진도는 여기까지 나가고, 시험 문제도 여기까지만 내
면 괜찮겠죠?"

당당하게 말하고는 강의실을 나갔다. 마지막 강의였다.

미국에서의 일이다. 한번은 한 교수님이 학생들과 같
이 수업을 듣는 걸 보고 물었다.

"교수님이 왜 수업 때마다 와서 앉아계시나요?"

"아, 다음 학기부터 내가 이 강의(미시경제학이었다)를
담당하게 되었는데, 지금 교수님이 어떻게 수업을 하는지
보고, 혹시 발전시킬 방법이 있을까 해서 듣는 거예요."

그러면서 학기 내내 같이 수업을 들을 거라고 말했다.

그에 비하면 서울대는 너무 충격적이었다. 뭐가 문제
인지조차 가늠하기 어려웠다.

'학생들에게 관심이 없는 건가?'

'교수가 뭐 그런 걸 신경 써, 이런 건가?'

'권위주의적이라 그런가?'

많은 생각이 들었다.

교수님들보다 강사님들(대학에 와서 강사란 단어를 처음 들었다. 미국에서는 그런 구분 없이 모두 다 교수님이라 불렸는데, 서울대에서 학생들은 시간 강사에게는 철저하게 교수님이 아닌 '선생님'이라 불렀다.)이 더 잘 가르친다는 느낌을 받았다.

이럴 거면
인강을 들으세요

서울대에서의 경제학 수업 첫 시간이었다. 강의실에 들어간 나는 자연스럽게 옆 사람에게 말을 걸었다.

"혹시 경제학 전공이세요?"

그는 처음엔 자기에게 말을 걸었는지 몰랐던 것 같았다.

"아, 저요? 아니요."

시간이 좀 지나 대답을 하더니 경계의 눈빛을 풀지 않

은 채 바로 고개를 돌렸다. 그러고는 내 쪽은 쳐다보지도 않고 정면만 뚫어져라 응시했다.

'끝인가?'

당황스러웠다.

'혹시 경제학 전공이세요?'라고 물으면, 경제학 전공이 아니면 '아니요, ○○ 전공이에요. 그쪽은요?', '아, 전 경제학이에요. 전공이 다른데, 이 수업을 듣는 특별한 이유가 있으신가요?'로 이어지거나, 경제학 전공이 맞으면 '네, 경제학 전공이에요. 경제학 전공이세요?'라고 되묻고, 나는 '저도 경제학인데 방문학생으로 왔어요.'로 이어질 거라고 예상했는데, '경제학 전공이세요?', '아니요.'에서 대화가 끝나고 말았으니…….

심지어 식당에서조차 그랬다. 자리가 없어 누군가의 맞은편 앞자리에 앉게 되면 '혹시 여기 좀 앉아도 될까요?' 하며 양해를 구하는 게 보통인데, 서울대에서는 물어보지도 않고 그냥 앞에 앉아버리기 일쑤였다. 그러고는 서로 어색해하며 고개를 숙이고 밥을 먹었다.

뉴욕주립대와 브리검영대학교, 케임브리지대를 거쳐 서울대에 와서 느낀 큰 차이점 중 하나가 바로 이거였다.

처음 보는 사람에게 말 걸기와 자연스럽게 대화하기!

미국이나 영국의 대학에서는 처음 보는 사이에도 자연스럽게 이야기가 진행된다. 학기가 시작되면 첫 수업에 옆자리에 앉은 사람에게 말을 거는 건 당연하고, 밥을 먹다가 대각선에 앉은 사람과 눈이 마주쳐도 말을 건다. 같이 수업을 들으면 대부분 서로 이름을 알고 인사하며 지낸다. 그러다 종종 친구가 되거나 연인이 되기도 한다.

서울대 학생들은 수업시간에도 조용했다. 마치 고등학생들처럼……

"여러분들, 이럴 거면 인강을 들으세요!"

그렇게 말하는 교수님도 있었다.

학생들은 교수님이 강단에서 말을 하면 손을 드는 대신 열심히 노트북 키보드를 두드렸다. 늘 기운이 빠져 있는 데다 해외로 교환학생이라도 가보라고 하면 그것도 학점이 좋아야 간다며 시무룩해했다. 뭔가 해볼 힘은 내지 않고 맨날 취업이니 대학원이니 미래 걱정만 해대면서 술을 마셨다. 그러다 시험 기간이 되면 공부만 했다.

내가 보기에 학생들은 과제도 겉핥기식으로 하면서 영

혼 없이 왔다가 가는 듯했다.

'이들은 어떻게 이곳에 올 수 있었을까?'

단순히 시험 잘 치는 능력으로 서울대를 왔다는 것으로밖에는 이해되지 않았다.

학교 또한 마찬가지였다. 서울대는 학생들에게 '각각의 전공 분야에서 필요한 지식과 실력, 세상을 바르게 이끌기 위한 가치관'을 가르치기보다는 우리나라 최고의 대학이라는 우월감을 더 많이 심어주는 것 같았다.

물론, 서울대뿐만 아니라 우리나라 대학들 모두의 문제이며, 우월감 또한 최상위권 대학의 학생들에게 나타나는 일종의 현상일 수도 있다. 또 '겨우 한 학기 다닌 네가 뭘 안다고 그러느냐.'고 한다면 딱히 할 말도 없다. 하지만 그렇다고 해서 잘못되지 않은 건 아니다. 내가 다닌 한 학기 동안의 서울대는 학교와 교수님, 학생들 모두 실망스러웠다.

'만약 뉴욕주립대나 시러큐스대학에 합격하지 못했다면 나는 어떻게 했을까? 서울대를 목표로 재수했을 것이다. 그랬다면 서울대를 들어갔을지도 모른다.'

생각하니 아찔했다.

뉴욕주립대와 BYU에서 만난 가르침에 열정적인 교수님들, 매일 꿈속을 사는 것 같았던 케임브리지대에서의 환상적인 일들! 그것들을 모른 채 다람쥐 쳇바퀴 돌 듯 학점과 시험에만 매달리며 대학이라는 곳을 다닐 뻔했다. 화려한 포장지만 두른 채 살 뻔했다. 그 행복한 시간을 만나지 못하고 하마터면 서울대 갈 뻔했다.

여기가 고등학교와
다를 게 뭐죠?

"다음 중 빈칸에 들어갈 말은?"

고등학교 때 이후 시험지에서 단 한 번도 본 적 없던 문제가 졸업한 지 1년 10개월 만에 다시 내 앞에 나타났다. 서울대의 한 인문학 수업 중간고사 때였다.

고등학생들에게 대학은 꿈과 환상의 대상이다. 기대를 한껏 품고 대학에 간다. 하지만 대학생이 되고 나면 말한다.

"고등학교와 다를 게 없어. 술 마시는 거 빼고……."

난 서울대를 다녀보기 전까지만 해도 중고등학교 때 친구들이 입에 달고 사는 이 말을 이해하지 못했다. 그런데 서울대에 와보니 그들이 왜 그랬는지 알 수 있었다. 캠퍼스가 넓다는 것, 수업을 선택할 수 있다는 것 외에는 고등학교와 별반 다르지 않았다.

한국의 고등학교에서 성적을 잘 받던 친구들은 선생님 입에서 나온 모든 말을 하나도 빠짐없이 필기하고 외운 친구들이었다. 그들의 교과서 여백에는 선생님들이 웃자고 말한 농담까지 다 적혀 있었다.

서울대에서 학점 좋은 학생들도 똑같았다. 샤프가 손가락으로, 종이가 노트북 화면으로 바뀌었을 뿐이었다. 교수님이 중요한 말을 할 때마다 '타닥타닥 타다닥' 타자 소리가 여기저기서 메아리를 쳤다. 놀라운 광경이었다. 그리고 그런 학생들이 학점을 잘 받았다.

미국에서 진짜 대학에 왔다는 걸 실감한 때가 있었다. 총 세 번의 시험을 치는 경제학 수업에서 첫 시험 B, 두 번째 시험 C, 마지막 시험에 A를 받았는데, 최종 성적이

A였다. 그것도 MIT에서 경제학 박사학위를 받고 하버드 로스쿨까지 나온, BYU 경제학과에서 가장 실력 있으면서 가장 어렵기로 유명한 교수님의 수업이었다.

어떻게 된 일인지 묻자 교수님이 대답했다.

"나는 성적을 시험만으로 주지 않는다. 매 학기가 끝나면 조교들과 원탁에 앉아 큰 화면에 학생의 사진, 시험 성적, 과제 성적을 띄워놓고, 그 학생이 교수인 나와 조교들에게 얼마나 자주 찾아왔는지, 이해 수준이 어떤지, 질문의 수준이 어떤지, 얼마나 노력하고 발전했는지를 종합적으로 평가해 성적을 준다."

내가 깜짝 놀라 말을 잇지 못하자 그가 먼저 입을 열었다.

"불만 있으면 얘기해."

"아니요, 없어요."

연구실을 나오면서 나는 감탄했다.

"야, 내가 정말 대학에 오긴 왔구나!"

수업을 듣는 한 학기 동안 나는 그분과 무척 가깝게 지낸 게 사실이다. 수업을 벗어난 주제에 대해서도 찾아가서 질문했고, 그가 직접 집필한 교과서에서 오류를 발견해 말씀드리기도 했다. 750명쯤이나 앉아 있는 강의실에서 수업 때마다 손을 들고 질문하는 나를 교수님은 되게 좋아했다. 질문 내용도 핵심을 찌른다며 칭찬했다. 그리고 첫 두 시험에서 B와 C를 받은 것에 개의치 않고 A를 주었고, 내게 경제학으로 전공을 바꾸라고 추천하기도 했다.

미국의 대학에서는 매시간 수업을 들을 때마다 내가 성장하고 있음을 체감할 수 있었다. 배운 것을 더 깊이 이해하고 써먹기 위해 노력했고, 교수님들은 꾸준히 피드백을 해주었으며, 그 결과로 높은 성적을 받았다.

하지만 한국에 돌아와 다닌 서울대에서 나는 어느새 다시 책 내용만 달달 외우는 바보가 되어 버린 느낌이었다.

'아, 이거 이해가 안 되는데 어쩌지? 에이, 일단 외우고 시험 끝나면 다시 보자.'

어느새 단 한 번도 돌아간 적 없는 고등학생 같은 생활을 반복하고 있었다.

꿈을 찾는 대학생

"고삼차, 칡즙, 카카오 99%, 아메리카노, 생수, 바나나, 딸기잼, 마카롱, 벌꿀, 로열젤리."

이게 무슨 말일까? 다름 아닌 서울대 학생들이 강의를 평가할 때 사용하는 단어다. 우리나라 대학은 저마다 커뮤니티 사이트가 있다. 학생들은 강의평을 보기 위해 자주 그곳에 들어간다. 거기에 나와 있는 강의평을 보고 좋은 수업을 고르기 위해서다.

미국이든 한국이든, 서울대든 어느 대학이든 배경지식 없이 수업을 선택하는 건 어쩌면 무모한 짓이다. 기대하고 갔는데 교수님이 강의 제목과는 전혀 다른 내용으로 수업을 진행한다든가, 잘못 가르친다든가 하는 일이 생길 수 있다.

나도 서울대 수강신청을 앞두고 강의평을 찾아보기 위해 커뮤니티 사이트인 '스누라이프'에 들어갔다. 관심 가는 몇몇 강의들을 검색하는데, '당도'라는 단어가 눈에 띄었다.

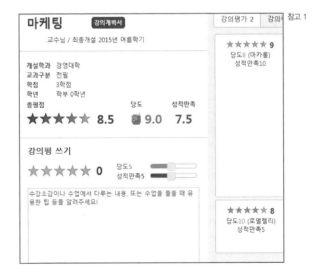

'당도? 이게 뭐지?'

"당도가 높을수록 비교적 학업 부담이 적은 꿀강의입니다."

와, 놀랍다 못해 신기했다!

미국 대학에도 강의에 대한 평가가 있다. 하지만 대부분 "과제가 너무 많아 힘들어요.", "이 교수님 수업 들으려면 하루에 에세이 하나씩 쓸 각오를 해야 돼요." 등과 같은 내용이다. 이렇게 노골적으로 '당도'라는 체계를 구축해 놓고 평가하지는 않는다.

적은 노력으로 좋은 학점을 받고 싶은 욕심은 학생이라면 누구에게나 있을 수밖에 없다. 그렇지만 이렇게까지 열정적으로 그 욕심을 실천하는 장면은 보지 못했다.

한국의 대학은 이미 배움이 목적이 아니라 "최소한의 노력으로 최대의 학점을 받는 것"이 목적인 곳이 되어 버린 것이다.

꿀을 찾아다니는 학생들은 더 깊게 가르치고, 더 큰 능력을 길러주려는 교수님들을 찾지 않는다. 그들은 '쓸데없이' 힘들게 가르치기 때문이다. 그러니 교수 입장에선 하는 수 없이 꿀을 제공해야 한다. 학생들이 싫어하는 깊이 있는 수업이나 어려운 과제는 잘 내주지 않으려 한다. 자신의 수업에 학생들이 오지 않으면 '폐강'되기 때문에……

실제로 서울대에서도 몇몇 학생들은 배움이 사라졌다고 말한다. 누구와도 학술적인 이야기나 깊이 있는 대화를 나눌 수 없다는 것이다. 심지어 수업에서조차 그렇다. 고등학교 내신시험에나 나올 법한 문제를 내고, 수업 시간에는 학생들에게 질문할 환경을 만들어주지 않는다. 그런 대학에서 무엇을 기대할까!

교수님들은 PPT를 띄워놓고 혼자 주구장창 내용을 설명하다가 대뜸 묻는다.

"질문 있어요?"

이때 입을 열 수 있는 학생들이 얼마나 될까? 그러면서 학생들이 손을 안 든다고 불평을 한다.

교수는 학생들이 자연스럽게 말할 수 있는 환경을 만들어주어야 한다. "질문 있어요?"라는 물음은 이해가 안 되는 것, 모르는 것들을 물어보라는 말로 "너희들의 무지를 맘껏 드러내 보렴."이라는 의미가 담겨 있다. 그런 질문에는 학생들이 반응할 수 없다. 가르치는 내용과 관련해 학생들이 생각해 보아야 할, 답이 정해져 있지 않고 토론의 여지가 있는 논제를 던져 학생들이 부담없이 말을 할 수 있게 해줘야 한다. 그렇게 발표와 토론을 통해 배워나가도록 도와야 한다.

이런 환경을 만들어주기만 하면 학생들도 입을 연다는 사실을 내가 직접 겪었다. 서울대에서 들은 교양 한국사 수업 첫날, 내가 수업에 적극적으로 개입하는 걸 본 교수님이 물었다.

"혹시 교환학생이에요?"

수업이 끝나고 난 후 나에게 미국 대학은 어떻게 수업을 진행하는지 물은 그분은 내 대답에 이렇게 말했다.

"에이, 여기 학생들은 그렇게 수업하면 말 한마디도 안 해요."

"그건 교수님이 PPT만 따라 한참 읽다가 갑자기 '질문 있어요?'라고 물어 그럴 겁니다. 진짜 이야기할 수 있는 거리를 가져오면 학생들도 말할 거예요."

다음 수업에 그 교수님은 토론 주제를 가지고 오셨다. 배경지식 설명은 최대한 짧게 간단히 한 후 우리에게 바

로 그 주제를 던졌다. 다들 우물쭈물했다. 변화에 책임을
느낀 내가 먼저 입을 열었다. 그러자 하나둘씩 손을 들어
발표하기 시작했다. 그 학기 동안 이 수업은 서울대에서
가장 활발한 수업이 되었다. 그리고 꿀을 찾는 대신 생각
하고 배우기 위해 입을 열어 수업에 적극적으로 참여했
던 학생들은 모두 A+를 받았다.

슬기로운 대학 생활

"대학은 취업하러 가는 곳이 아니라 학문을 탐구하러 가는 곳이야."

우리는 종종 이런 말을 하며 고상한 척 점잖을 떤다. 하지만 대학은 학문 탐구'만'을 위해 가는 곳이 아니다! 고대 아테네에 플라톤이 세운 '아카데메이아'는 그랬을 지 모르나 21세기의 대학에서는 그래서는 안 된다.

내가 다닌 미국의 한 대학에서는 경제학과 학생들에게 경제학 지식뿐만 아니라 '경제학 데이터를 이용해 엑셀

을 어떻게 갖고 노는지'까지 가르쳤다. 과제로도 내주었
다. 그리고 그것은 그 학교 경제학과를 졸업한 학생들이
골드만삭스나 JP모건 등 세계적인 금융회사에 취업이 잘
되는 이유 중 하나였다.

대학이 수행하는 역할은 이제 하나가 아니다. 학문 탐
구를 위해 갈 수도 있고, 취업을 위해 갈 수도 있으며, 아
직 자신의 꿈을 찾지 못해 여러 분야를 탐색하러 갈 수도
있다. 심지어 연애와 결혼을 목적으로 갈 수도 있다. (실
제로 미국에서는 결혼 상대를 찾기 위해 대학에 왔다는 사람
도 꽤 많았다.) 무엇이든 각자 원하는 바를 얻기 위해 가는
곳이 대학이다.

그렇다면 우리나라에서의 대학 생활은 어떨까?

자기의 생각과 주관 없이 무조건 상위 대학, 상위 학과
만을 추구하다 보니 막상 대학을 가면 뭘 해야 할지 몰라
방황하게 된다. 특별히 재미있는 일도 없다. 그나마 10대
때 접해 보지 못한 술이 유일한 즐거움이다. 그래서 학과,
동아리 모임 등에 나가기만 하면 대체로 술을 마신다.

수업 때는 노트북으로 받아쓰기하고, 집에서는 유튜
브 보고, 친구 만나 술 마시고, 그러다 시험 기간이 되면

고등학교 때처럼 공부하고, 종파(종강 파티) 가서 술 마시고, 방학 되면 빈둥거리는 일상⋯⋯. 혼자 살 수 있고, 술을 마실 수 있다는 것 외엔 고등학생 때와 다를 게 없다. 오히려 그때보다 더 처참할지도 모른다. 그러면서 대학에 대한 환상이 무너진다.

뭘 해야 할지 모른 채 방향을 잃고 우왕좌왕하다가 1년, 2년을 훌쩍 보내게 되는 대학 생활. 알차게 지내려면 어떻게 해야 할까?

일단 대학을 갔다면, 전공에 대한 이해력과 지식은 될 수 있는 한 깊이 쌓아야 한다. 나만의 전문성을 갖출 수 있는 가장 좋은 기회이기 때문이다. 교수님을 찾아가는 일이 바로 그 첫 단계다.

존경하는 교수님과는 친분도 쌓자. 아르바이트도 소개받을 수 있고, 대학원 또는 해외로 교환학생을 가려 할 때 추천서를 받을 수도 있다. 앞에서도 이야기했지만, 나도 미국에서 나를 마음에 들어 한 교수님들 덕분에 케임브리지대에 갈 기회를 얻었고, 서울대에도 올 수 있었다. 1학년임에도 교수님이 운영하는 연구소에 들어가 인턴도 했다.

교수님들을 찾아가자! 오피스 아워에 연구실 비우는 분들도 학생들을 가르치며 삶의 보람과 가치를 느끼는 교수님이다. 서울대에서도 내가 먼저 메일을 보내 연락하니 반갑다고 밥까지 사주며 질문을 받아주는 교수님이 계셨다. 안 만나줄 거라고 미리 예단하지 말자.

1학년 때도 취업박람회를 가자!

대학에서는 1년에 한두 번 취업박람회가 열린다. 졸업이나 취업을 앞둔 선배들을 위한 행사라고 생각할지 모르지만 그렇지 않다. 1학년 때부터 가보는 게 좋다. 그리고 관심 가는 회사가 있다면 주저하지 말고 박람회에 나와 있는 직원에게 당당하게 묻자.

"여긴 채용할 때 어떤 부분을 주로 보나요?"

"입사지원서는 어떻게 쓰는 게 좋은가요?"

"근무 분위기는 어떤가요?"

질문하고 대화하면서 이야기를 나누다 보면, 그 회사

에 취업하기 위해서는 대학 생활을 어떻게 해야 하는지 감을 잡고 큰 그림을 그릴 수 있다.

우리나라 대학 1, 2학년들은 취업은 아직 자기와 크게 관계없다고 생각하고 취업박람회에 가지 않는데, 미국 학생들은 그렇지 않다. 뉴욕주립대에서는 1학년 때부터 취업박람회에 가는 학생도 많았다. 취업을 원하는 사람은 진지하게 정장을 갖춰 입고 이력서를 프린트해 그 자리에서 바로 스카우트되기를 바라며 돌아다닌다.

취업박람회는 대학이 제공하는 최고의 '고퀄리티'의 서비스다. 이런 기회를 놓친다는 건 바보 같은 짓이다. 1학년 때부터 취업박람회를 다녀본 사람은 집, 학교, 술, 시험공부로 이어지는 생활만 반복하다 3, 4학년이 되어서야 두리번거리는 친구들과는 확연히 다르다.

글쓰기 센터를 찾아가자!

글쓰기는 이미 필수적으로 갖추어야 하는 능력이 되었다. 초등학생 때의 수행평가부터 자기소개서, 과제물 등

쓰기 능력이 필요한 경우가 점점 많아지고 있다. 사회에 나와서도 글쓰기가 안 되면 종종 어려움에 처한다.

외국에서도 한국인들은 글을 못 쓰기로 유명하다. 학교에서 써본 적이 별로 없으니 어쩌면 당연하다. 대학에서 얻을 수 있는 능력 중에서도 글쓰기는 아주 중요하다. BYU가 학부 중심 대학으로 유명한 이유 중 하나는 글쓰기 과제를 세게 시키는 것도 포함된다.

학교에 글쓰기 센터나 그와 비슷한 게 있다면 과제를 들고 무조건 찾아가야 한다. 그곳에서는 국문과 석박사 과정의 학생들, 글쓰기로 인정받은 사람들이 첨삭을 해주며 큰 틀을 잡아준다. 몇 번만 가봐도 충분치는 않지만 글쓰기 요령을 어느 정도는 익힐 수 있다.

놀 시간을 만들자!

즐거움과 재미는 고등학생 때도, 대학생 때도, 그 후의 삶에서도 꼭 필요한 윤활유와 같다. 게다가 대학은 마침내 성인이 되어 같은 취미를 가진 친구들과 함께하는 게 가능한, 새로운 즐거움을 찾을 수 있는 최적의 장소다.

꿈과 관련된 동아리 하나와 재미를 위한 동아리 하나, 최소한 두 개의 동아리 활동은 해보자. 꿈 관련 동아리에서는 내가 추구하는 삶과 비슷한 삶을 살려는 친구들을 만날 수 있을 뿐만 아니라, 관심 분야를 더 깊게 파고드는 좋은 기회가 되기도 한다. 그에 더해 평생의 취미를 찾아줄 동아리를 하나 만난다면 삶의 질이 훨씬 윤택해진다. 칵테일 만들어 마시는 동아리, 연어를 손질해 먹는 동아리 등 특이한 동아리라도 괜찮다.

서울대에서 나는 국궁 동아리에 들었다. 어렸을 때 〈주몽〉이라는 드라마를 본 후부터 활쏘기에 대한 로망이 있었다. 미국이나 영국 대학에서는 절대 할 수 없는 동아리기 때문에 보자마자 바로 가입했다. 145미터나 떨어진 곳에서 활을 쏘아 과녁을 맞히기는 쉽지 않지만, 몇 번의 시도 끝에 들리는 "텅" 하는 울림은 엄청난 쾌감을 불러 일으킨다. 그 시간만큼은 과녁을 맞히는 것 말고는 모든 생각으로부터 자유로웠다.

서울대에는 동아리마저도 할 시간이 없다는 친구들이 많았다. 각자 사정이 있어 그렇겠지만 뭔가 잘못되었다.

의미만 있고 재미는 없는 삶은 쾌락만 있고 의미는 없는 삶과 닮아 있다.

요즘 나는 대학생을 만나면 꼭 해외로 교환학생을 다녀오라고 권한다. 다른 나라 학생들이 삶을 대하는 태도를 보고 자신과 한번 비교해 보았으면 하는 마음에서다. 자기를 위한 재미있는 시간, 여유 있는 시간을 좀 더 많이 가져야 한다.

학점에 목을 매다 보면 대학생이 되어서도 고등학생 때와 비슷한 생활을 하게 된다. 다람쥐 쳇바퀴 돌듯 살다 보면 내가 무엇을 위해 사는지, 왜 사는지 본질을 잊어버린다. 과제, 시험, 학점의 족쇄에서 벗어난 가끔의 일탈(?)은 학점에만 매몰되어 살고 싶은 인생의 길에서 벗어나지는 않았는지 점검하는 시간이 되기도 한다.

마음에 드는 친구와 벚꽃 구경도 가고, TV에 나온 핫플레이스도 찾아가고, 여행을 떠나 경치 보며 생각에 잠겨도 보고, 클럽에 가 춤도 춰보자. 놀 시간이 없다고? 그럼 '드롭(drop, 수업을 중도에 수강 취소하는 것)'을 하자!

입을 열어 말문을 트자!

　처음 보는 사람과 자연스럽게 이야기를 나누는 능력은 아주 중요하다. 교수님들과 친분을 쌓거나, 취업현장에서 나를 드러내거나, 좋은 관계를 맺는 데도 꼭 필요하다. 사실, 21세기에 어색하지 않게 대화를 풀어나가는 능력이 필요 없는 영역이 존재하기나 하는지 모르겠다.

　그러니 입을 열어 말문을 트자. 대학 생활에서 예상치 못한 재미를 안겨주는 것 중 하나가 바로 '대화'다. 주변 친구들에게 말을 붙이자. 무엇보다 대화는 나와 가치관이나 꿈이 비슷한 일생의 친구, 친한 친구를 만들어주기도 하고, 반려자를 만나게 해주기도 한다.

허물어야 할
두 개의 벽

　우리나라 대학들은 학부별로 뽑는 곳도 있지만, 대부분 '과'별로 학생을 뽑는다. 입학 전에 이미 전공이 결정된다. 치열하게 학점을 관리해 전과하지 않는 이상 졸업할 때까지 바꿀 수 없다. 학점이 아무리 좋아도 전과하려는 과에 결원이 없으면 그것마저 어렵다. 복수전공, 부전공 등도 만만치 않다.

전과가 편해야 한다

한번 물어보자. 당신은 대학 입학 전에 무엇을 하고 싶은지 명확히 알았는가? 알았다면, 무슨 일이 있어도 바뀌지 않을 거라 확신했는가? 나도 초등학교 때부터 고등학교 때까지 정치외교학이 나에게 딱 맞는 학문이라 확신했고, 전공으로 선택했다. 하지만 2학년이 채 되기도 전에 정치학에서 경제학으로 전공을 바꾸고 말았다.

비교적 확고했던 내 경우를 보더라도 전공은 쉽게 결정되어서는 안 된다. 졸업 후 직업은 물론, 그 후로도 자신의 미래에 큰 영향을 미치기 때문이다. 하지만 우리는 이렇게 중요한 전공을 대학 입학 전에 결정해야 한다. 바꾸기도 어렵다. 그것도 중학생, 고등학생들에게 가장 낮은 수준의 진로교육을 하는 나라에서 말이다.

이 같은 과별 선발 방식은 10대의 어깨를 짓누르는 또 하나의 무거운 짐이다. 뭘 공부하고 싶은지, 무엇을 재미있어 하는지를 찾아내기도 벅찬 상황에서 '내가 이 학교의 이 과에 합격할 수 있을까?'를 고민하게 만든다. 공부하고 싶은 분야를 찾는 것과 그 과에 합격하는 건 완전 다르다. 수험생 대부분은 인생에서 가장 중요할지도 모를 결정 앞에서 학교를 정해 놓고 원하는 과와 합격 가능한 과 중에서 갈등한다.

어떻게 해야 해결할 수 있을까? 과별 선발을 하지 않고 2학년 때까지 전공을 자유롭게 변경할 수 있는 제도가 마련되거나, 전과가 자유롭게 이루어지도록 해야 한다. 믿기 어려울지 모르지만, 내가 다녀 본 해외 대학들은 그랬다.

뉴욕주립대 입학할 때 나는 정치학 전공이었다. 그러다 채 1년도 안 되어 경제학으로 바꾸었다. 정치학이 재미없는 학문임을 알게 된 데다, 어렵기로 유명한 경제학 과목에서 우수한 성적을 받는 걸 보고 교수님이 경제학 전공을 추천했기 때문이다. 나는 교수님과 여러 번 이야기를 나누고 생각해 본 후 전공을 바꾸기로 결정하고는 행정실에 전화를 걸었다.

"안녕하세요. 저, 전공을 바꾸려고 하는데요."

"네, 말씀하세요."

"아, 어떻게 하면 되나요?"

"지금 저한테 말씀해 주세요. 학번이 어떻게 되죠? 바꾸려는 전공은 어떤 건가요?"

"학번은 ○○이고, 정치학에서 경제학으로 바꾸려고요."

"네, 알겠습니다."

"네?"

"네, 바뀌었습니다."

끝이었다.

대학을 지원하면서 자신이 어떻게 살 것이고, 자기 삶을 지탱해 줄 전공이 무엇인지 정확히 아는 사람이 얼마나 있을까? 심지어 나처럼 특정 학문을 전공하겠다는 의지가 확고하다 할지라도 막상 대학에 가서 여러 가지 수업을 듣다 보면 언제든 바뀔 수 있는 게 삶인데 말이다.

과별 정원도 유동적으로

2020년 서울대 경영학과 정원이 70명이라고 치자. 꼭 70명일 이유가 있을까? 68명이나 73명이면 안 될까? 아니면 정원이 넘치면 강의실에 못 들어가는 학생이 생겨서일까? 잘 모르겠다.

미국 대학에서는 지원을 받을 때 어떤 학문을 전공하고 싶은지를 물어보기만 할 뿐 (정해지지 않음, 'Undecided'라고 적을 수도 있다.) 과별 정원을 정해 놓고 뽑지 않는다. 학생 수를 정하는 명확한 기준이 없기 때문이다. 대학별로 자기 학교에 다닐 능력이 된다고 생각하는 학생을 뽑을 뿐, 2학년 때까지 전공 선택과 변경에 대해 어떠한 제한도 두지 않는 건 그런 이유에서다.

"그러다 전부 다 경영, 경제학과나 공대 선택하면 어떻게 합니까?"

반문하는 사람들이 있다.

지금 경영학과, 경제학과, 공대 등을 선호하는 이유는 졸업 후 취업이 잘 되거나, 대우가 좋거나, 취업 후가 비교적 안정적이기 때문이다. 하지만 그건 영원한 게 아니다. 또 특정 분야 인재가 과도하게 배출되면 노동시장이 포화상태가 되어 경쟁이 극심해지기 마련이고, 그러면 다시 경쟁이 수월한 다른 분야로 관심이 옮겨 간다. 배출되는 인력과 노동시장은 시대의 흐름에 따라 조율되게 마련이다.

반면, 과별 인원에 제한을 두면 지금처럼 전공과 직업 간 불일치가 생기고, 희소성 있는 특정 직업군이 사회에서 특별한 대우를 받는 일이 사라지지 않는다. 그렇게 사회지도층이 된 특정 계층은 자기들의 기득권을 빼앗기지 않으려 부와 권력을 대물림한다.

미국 대학도 예체능 관련 학과는 오디션을 보기도 하고, 인지도가 높아 학생이 몰리는 과는 자체적으로 조건을 내걸기도 한다. 하지만 이때도 수를 제한하지는 않는

국가별 전공 불일치 발생률

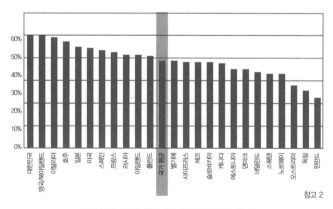

참고 2

우리나라는 가장 왼쪽으로 1위에 랭크되어 있다.

다. 특정 조건을 만족하기만 하면 모두 전공할 수 있게 해준다.

사범대처럼 교사 정원을 관리해야 하는 학과를 제외하고, 대학에서 과별 선발 학생 수에 제한을 두거나 전공 변경을 거의 불가능에 가깝게 하는 건 불필요한 '벽'을 세우는 행위다. 필요 없는 이 벽 때문에 1년에 수십만 명이 '원하는 전공과 합격 가능한 전공'을 사이에 두고 갈팡질팡한다. 대학에 가서도 그것은 마찬가지다.

대학은 꿈을 찾아 자유롭게 탐색하고 탐구하는 곳이어야 한다. 도중에 관심 분야가 바뀐 학생이 전공을 바꾸지 못해 몇 년을 돌아가는 건 낭비에 지나지 않는다.

3장

입시지옥에서 나를 지키는 법

입시,
쫄지 말고 혼자 하자

　대학 진학률이 70%에 육박하는 우리나라에서 '대학입시'는 10대들 대다수가 거칠 수밖에 없는 현실이다. 10대 시절 불행의 대부분도 입시로부터 비롯된다. 하지만 교육과 입시제도가 바뀌지 않는 한 주어진 현실도 달라지지 않는다. 그러니 최대한 우리 스스로를 망가뜨리지 않으면서 입시를 돌파하는 방법을 알아야 한다.

　대학입시를 위해 10대들은 지금 이 시간에도 수능, 내신, 면접, 논술 등을 대비해 과외를 받거나 학원 문턱을 뻔질나게 넘나든다. 입시 철이면 대입 컨설턴트나 컨설팅 학원들이 미어터진다. 큰돈이 든다는 소문이 적지 않음에도 대입 방식이 너무 다양하고 복잡해 알기를 포기하니 컨설팅을 안 받을 수가 없다. 하다못해 점을 보는 부모들도 있다.

그렇게 업체에 의존해 대학에 입학하고 나면 시간이 지나 취업을 할 때에도 자소서나 면접 컨설팅을 받지 않으면 또 불안해 가만히 있지 못한다. 그러면서 한 평생을 자기의 생각이나 신념보다 남의 말에 의존하면서 살게 된다.

사실, 컨설팅을 받는다고 큰 도움이 되지도 않으며, 그어떤 컨설턴트도 합격을 보장하지 않는다. 다만, 불안감을 조금 덜 뿐이다. 그러다 떨어지면 업체나 컨설턴트 탓을 하며 자기 삶을 스스로 책임지기를 포기한다.

대학 선택은 자기 뜻에 따라 자기가 결정하고 책임져야 한다. 쫄 필요 없다. 이미 그럴 수 있을 만큼 컸다. 돈과 정보력이 지배하는 입시, 스스로 돌파해 보자. 혼자서도 할 수 있다.

이 정도 점수면 어디 갈 수 있어요?

"이 정도 내신이면, 이 정도 생기부면, 이 정도 수능점수면 어느 대학을 갈 수 있을까요?"

대입을 코앞에 둔 10대나 부모님들이 제일 많이 묻는 말이다. 답은 각자 다니고 있는 학교에서 수년간 가르치고 계시는 3학년 진학지도 선생님, 졸업생, 해당 대학 재학생 선배들에게 있다. 컨설팅보다 훨씬 더 정확하다.

어떤 일에 흥미가 있는지, 어떤 과가 나에게 맞을지, 어느 대학에 갈 수 있는지 모르겠다면 진로 담당 선생님 도움을 받는 게 좋다. 중고등학교에는 학교마다 진로 담당 선생님이 계신다. 진로 수업도 하므로 나를 객관적으로 파악하고 계실 수도 있다. 물론, 가까운 지인들에게 물어도 도움을 받을 수 있다.

또 정시 또는 학종을 비롯한 다양한 수시전형 관련 내용은 지원하려는 대학 입학처 홈페이지에 자세히 올라와 있다. 정시 합불 결과는 매년 수능 난이도나 점수 분포도에 따라 달라지므로 정 불안하면 그해 수험생들의 수능 성적 데이터를 많이 확보한 온라인 입시업체(진학사, 유웨이, 오르비 등) 들에서 제공하는 툴에 성적을 입력하면 가늠해 볼 수 있다. 수집된 데이터로 커트라인 분석이 어느 정도 가능하기 때문이다.

우리나라 사람들은 애나 어른이나 남에게 묻기를 꺼리는 경향이 있다. 대학뿐만 아니라 직업을 선택할 때도 마찬가지다. 현재 그 직업을 갖고 일하는 사람, 그 회사에 다니는 사람이 가진 정보가 가장 정확하다. 가장 먼저 그들에게 물어보아야 한다.

나는 미국 대학에 지원할 때도 유학원을 거치지 않았다. 혼자 알아보고, 학교에 계신 원어민 선생님과 그 주위 분들의 도움만으로 해결했다. 고려대 1차 합격을 하고 나서도 면접 학원 근처에도 안 갔다. 막상 떨어지고 나니 다들 나에게 "왜 학원을 가지 않았느냐!"며 한마디씩 했지만, 나는 차라리 다행이라 생각했다. 학원 다녀 합격했다면 이후 비슷한 상황에 부딪힐 때마다 그런 곳부터 찾아 나섰을 거다.

수시가 좋아요, 정시가 좋아요?

"수시가 유리할까요, 정시가 유리할까요?"

궁금하지 않을 수 없다. 수시로 대학을 갈지, 정시로 대학을 갈지, 또 고1 때부터 미리미리 정하는 게 좋은지 알고 싶어 하는 사람들이 많다. 당연히 정하는 게 좋다.

"난 원 샷 원 킬이야! 시험 한 번으로 끝장을 봐야지 3년 내내 내신에 매달리고 싶지 않아."

성향이 이렇다면 수능 위주로 입시를 치르는 정시를 노리는 게 좋다.

"난 한 번의 시험으로 결정 내기엔 너무 억울해. 다양한 활동을 해보고, 그걸 인정받고 싶어."

이렇게 생각한다면 수시를 준비해야 한다.

단, 둘 중 하나를 선택한다고 해서 나머지 하나를 완전히 버려서는 안 된다. 어느 때건 플랜 B가 있어야 한다.

다시 한 번 고백하지만, 나는 수시, 그중에서도 학종으로만 대학을 가겠다는 생각에 수능 공부는 필요한 만큼만 했다. 꿈을 찾아 성장해 가는 데 잘 어울리는, 행복하고 알찬 10대를 보내기에 학종은 안성맞춤인 전형이기 때문이었다. 그리고 내 플랜 B는 해외 대학 입학이었다.

정시로 상위권 대학을 가려면 수능에서 단 한 문제도 실수하지 않기 위해 치열하게 공부해야 한다. 그럼에도 현역이 수능에서 재수생, N수생을 이기기는 낙타가 바늘 구멍 들어가기만큼이나 어려운 게 현실이다.

입시전형은 수시 인원이 늘어나는 쪽으로 변화해 왔으며, 학종은 교육 선진국 대학들에서 인재를 뽑는 방식이다. 다양한 전형을 살펴 자기에게 유리한 걸 선택해야 한다. 나에게 그것은 학종이었다.

그놈의 전형은
뭐가 그리 많은지

대학을 가는 방법은 무척 많다. 게다가 끊임없이 변할 뿐 아니라 같은 전형이라도 학교마다 조금씩 다르다. 그래서 학교와 과에 대한 '각'이 나오면 후보군에 들어 있는 대학의 신입생 모집요강을 먼저 찾아봐야 한다.

연초만 되면 학원이나 언론들은 다음 입시 트렌드가 어쩌니저쩌니하면서 분석을 내놓는데, 보고 있으면 머리만 복잡해진다. 가고자 하는 대학을 적으면 3개, 많으면

10개 정도 정하고, 각 학교 홈페이지에서 그 학교들의 모집요강을 보자. 그게 제일 정확하다.

고1 때부터 보는 게 좋다. 학교는 모집방식을 1, 2년만에 전면적으로 뒤집어엎지는 않는다. 몇 년간은 그대로 뼈대를 유지한다. 따라서 고1 때부터 가고자 하는 학교의 요강을 보고 어떤 전형들이 있는지, 나에겐 어떤 전형이 맞을지 판단하고, 거기에 맞춰 학교생활을 해나가며 공부하는 게 현명한 대입 준비 방법이다.

그렇다면 대입 전형에는 어떤 게 있을까?

대학 모집요강 예

6. 신입학 전형별 세부 사항 9

【수시】

학생부교과(학생부교과)-9, 학생부종합(일반)-10,
학생부종합(고른기회)-11, 학생부종합(특성화고졸재직자)-13,
논술(논술)-14, 실기/실적(소프트웨어인재)-15,
실기/실적(글로벌인재)-16, 실기/실적(미술특기자)-17,
실기/실적(음악특기자)-18, 실기/실적(체육특기자)-19,
실기/실적(연기특기자)-20, 실기/실적(무용특기자)-21

【정시】

수능(가/나군 일반), 실기(가군 예체능), 수능(나군 예체능)-22,
수능(가/나군 특별전형)-26

큰 틀로는 수시와 정시 그리고 특별전형이 있다. 수시는 학생부교과, 학생부종합, 논술, 실기(예체능) 전형 등으로 나뉘고, 정시로는 수능 성적만으로 뽑거나 수능 성적을 포함해 실기(예체능)를 보는 전형 등이 있다. 특별전형으로는 기회균등전형, 농어촌특별전형, 사회적배려대상자전형, 재외국민전형 등 다양한데, 같은 전형이라도 세부 내용은 학교마다 다 다르다.

학생부교과전형은 내신성적으로만 뽑는 전형이다. 이 전형은 학교 구분 없이 내신 1.00등급이 내신 1.01등급을 이기고 합격한다. 2차 면접이 있는 몇 개 대학을 빼고는 대외활동이나 학교생활기록부를 보지 않으며, 에세이(자기소개서)도 없다. 오직 내신성적으로만 합격과 불합격을 가른다.

그런데 이 전형은 많은 학교에서 수능 최저를 둔다. 수능 최저란 수능성적으로 합불을 가르지 않는 수시전형에서도 '수능에서 최소한 이 정도의 등급은 받아야 한다.'는 조건이다. 예를 들어, '국수영 3과목 등급 합 7'이 수능 최저라면 국어 2등급, 수학 3등급, 영어 2등급을 맞은 학생은 2+3+2=7로 조건을 충족한다. 국수영의 등급은 바뀌어도 상관없고, 세 과목 합이 7 이하면 된다. 하지만 국수영 세 과목 등급의 합이 7을 넘어 8 이상이라면 지원자 중 내신성적이 1등이라도 불합격이다. 좋은 내신을 수능성적으로 확인하려는 장치다.

학생부종합전형(학종)이란 학교생활기록부의 내용, 내신성적, 에세이(자기소개서), 추천서, 면접 모두를 종합해 평가하는 전형이다.

"내신 3등급으로 서울대를 갔대."

이런 말을 들어보았을 것이다. 이 전형이 있어 가능한 일이다. 여러 가지 항목을 종합적으로 평가하는 학종은 내신성적을 정량평가가 아니라 정성적으로 평가한다.

내신 1등급이 무조건 내신 2등급인 학생보다 우수하다는 식의 수치로만 평가하는 게 아니라 성적은 낮아도 꾸준히 올랐다든지, 중위권이지만 다른 우수한 활동이 있다든지 등을 종합해 평가한다는 뜻이다. 내신 4등급이던 내가 고려대 1차에 합격한 것도 그래서 가능했다.

학종 안에는 그 외에 또 다른 여러 가지 전형이 있는데,

전형마다 요구하는 서류나 전형방식이 다르므로 자기에게 유리한 게 어떤 건지 모집요강을 잘 확인해야 한다.

각 학교 사이트에 기출문제가 나와 있는 수시 논술전형에는 이과 논술(수리논술, 과학논술)과 문과 논술이 있으며, 말 그대로 논술로만 뽑는다. 그리고 교과전형과 마찬가지로 대부분 수능 최저를 적용한다.

경쟁률은 어마어마해도 막상 수능 최저를 충족하는 사람이 많지 않아 해볼 만한 전형이라며 (학교 선생님들 중에서도) 논술전형을 권유하는 사람들이 많은데, 이 말을 듣고 가볍게 생각해서는 안 된다. 논술을 준비하려면 그만큼의 시간과 노력과 비용이 들기 때문이다. 따라서 원하는 학교의 기출문제와 모범 답안을 보고 내가 그 문제를 풀 정도의 논술 실력이 있는지, 남은 시간에 충분히 준비할 수 있는지 판단해야 한다.

나는 입시와는 상관없이 학교에서 제공하는 주말 논술수업을 들었는데, 인문학 및 철학, 역사 등에 대한 다양한 지식을 쌓으면서 글 쓰는 법도 배우는 등 재미있고 유익했다. 논술 공부는 여건만 된다면 굳이 입시가 아니더라도 하는 게 좋다.

실기전형이란 주로 미술, 음악, 체육 등 예체능 관련 학과에서 실시하는 전형이다. 실기의 경우 학교별 평가 방식이 다양할 뿐만 아니라 수능성적과 내신성적을 일부 반영하기도 하므로 공부와 실기 모두 준비해야 한다.

반면, 정시는 오로지 수능 성적만으로 평가하는 전형이다. 하지만 이 역시 미리 원하는 학교를 추려 모집요강을 찾아보아야 한다. 학교별, 학과별로 반영하는 과목이나 과목별 반영비율이 다르기도 하고, 탐구과목(사회, 과학) 성적을 제2외국어 과목 성적으로 대체할 수 있는 등 조건들이 다르기 때문이다.

예를 들어, 어떤 학교 어떤 과는 국어, 영어, 탐구 성적만 보고 수학은 입시에 반영하지 않기도 한다. 또 국어, 수학, 영어, 탐구 성적을 다 보는데, 제2외국어 성적이 탐구 성적보다 높으면 그것으로 대체할 수도 있다. 어떤 과는 국어, 수학, 영어, 탐구 성적을 25%씩 균등하게 보기도 하지만, 과목별로 다르게 비중을 따로 두는 과도 있다. 또 큰 차이를 만드는 요소는 아니지만, 정시에 출결 같은 기초 생기부 내용을 반영하는 학교도 있다. 이 또한 모집요강을 조목조목 확인해야 한다.

농어촌, 기회균등, 국가보훈대상자, 사회적배려대상자, 재외국민 등을 대상으로 하는 특별전형 대상에 속한다면 일반전형보다 유리할 수 있다. 전형방식은 수시의 학종과 비슷하지만, 그 안에서 또 다양한 기준이 있으므로 아주 꼼꼼히 살펴야 한다.

대학에 입학하는 방법은 이처럼 매우 많고 다양하다. 중요한 건 앞서 말했듯 가고 싶은 대학을 일찍 선정해, 그 대학의 정확한 모집요강을 보고 준비하기를 고3이 아닌 고1 때부터 해야 한다는 점이다.

대학 선택은 어떻게?

대학은 어떤 기준으로 선택하는 게 좋을까? 한 계단 높은 순위 대학의 비인기학과가 좋을까, 낮은 순위 대학의 인기학과가 좋을까? 가고 싶은 학과에 가는 게 좋을까, 취업이 잘되는 학과에 가는 게 좋을까? 대학과 학과가 서열화된 현실에서 우리는 고민하게 된다.

내 우선순위는 학과였다. 원하는 삶을 살려면 어떤 직업을 가져야 하는지, 무엇을 배워야 하는지 먼저 고민해야 한다고 생각했기 때문이다. 그런 다음 배우고 싶은 전공이 있는 대학, 자신이 필요로 하는 수준의 지식을 제공하는 대학이 어디인지 알아보고 학교를 정하는 게 순서라고 본다. 최고의 대학에 원하는 학과가 있다면 그 학교를 선택하는 게 당연하며, 그곳에 합격할 만큼의 성적이나 스펙을 갖추어야 한다.

각자가 선호하는 우선순위에 따라서 학교 선택이 달라질 수도 있는데, 교수진을 보고 대학을 정할 때가 생각보다 많다. 강연이나 책을 통해 감명을 받았다거나, 학술적으로 뛰어나다거나 하는 이유로 그 교수님이 가르치는 학교에 지원하는 경우가 종종 있다.

어떤 때는 교육방식에 따라 결정하기도 한다. 국내 대학들은 사실 차이를 잘 모르겠지만, 해외의 대학들은 각각 중요하게 생각하는 교육철학에 따라 가르치는 방식에 확연한 차이가 난다. 내가 다녀본 대학 세 곳만 해도 다 달랐다.

뉴욕주립대는 연구 중심 학교라 과제도 분석형이 많았고, 수업도 질문 중심의 대화형으로 진행했다. 하지만 학부 교육보다는 석사 및 박사과정 중심의 학교였기 때문에 정말 유명한 교수님 중에는 학부 수업을 진행하지 않는 분이 많았다. 반면, 학부 중심 대학인 브리검영대학교는 과제를 연구하는 과정에서도 교수님들이 학생들과 직접 만나 토론하고, 비평해 주고, 가르쳐주는 등 적극적이었다. 영국의 케임브리지대학교는 수업시간에 질문을 거의 허락지 않고 질문 시간을 따로 두거나 교수님을 찾아가야 했다. 대신 글쓰기 실력을 중요시해 에세이 과제가 많았다.

비슷한 수준일 때는 위치나 캠퍼스가 중요한 기준이 되기도 한다. 신촌 주변 학교는 즐길 거리가 많다. 그중 연세대는 비교적 평지에 있어 다른 대학보다 이동도 편하다. (외국인 학생들을 만나면 이마저도 언덕이 많다고 이야기하지만!)

그 외에 집과의 거리라든가, 대학 주변 동네라든가, 기숙사의 유무 등 개인의 선호도에 따라 선택은 달리할 수 있다. 먼저 중요하게 보는 몇 가지 기준을 정해 놓고 가고 싶은 대학을 3~5개 정도 추려 방학이나 주말에 시간을 내어 가보자. 학식도 먹어보고, 산책도 해보고, 벤치에 앉아도 보자. 그 대학을 다니면 행복할지 상상해 보자.

원하는 대학을 추렸다면 그 학교에 입학한 선배들을 찾아보자. 없다면 한두 사람 건너서라도 입학한 사람들, 자신이 가려는 전형으로 합격한 사람들을 찾자. 어떤 활동을 했는지, 자소서는 어떻게 썼는지, 내신은 얼마고 수능점수는 어땠는지, 학교는 마음에 드는지 물어보자.

상대가 부담스러워할까 걱정하며 망설이지 말자. 대부분은 자기의 경험이나 노하우 전달을 좋아한다. 합격해서 다니고 있는 대학에 후배가 오고 싶어 이것저것 물어보면, 학종의 경우 생기부나 자소서 준비에 대해 하나라도 더 알려주고 싶은 게 선배 마음이다. 도와줄 사람은 많다.

그런데 사실 생기부와 자소서는 매일 하고 싶은 일을 하면서 살다 보면 자연스레 해결된다. 나도 그랬다. 꿈과 연결해 재미있겠다 싶은 활동을 하다 보니 생기부가 무려 42장이나 되었다. 자소서에 쓸 내용이 너무 많아 넣고 빼느라 애를 먹었다. 그 활동들을 잘 묶어내는 글쓰기 능력만 갖추면 걱정할 게 없다.

그렇게 꿈을 찾아 많은 활동을 했음에도 불구하고 무엇을 했는지, 어떤 봉사를 했는지, 어떤 책을 읽었는지를 생기부에 적지 않아 곤란해지기도 한다. 여기서 자사고, 특목고와 일반고의 격차가 발생하는데, 자사고와 특목고에서는 선생님들이 알아서 그런 활동들을 잘 기록해 주는 반면, 왜 그런지는 모르겠지만 일반고 선생님들은 찾아가서 부탁하지 않으면 신경 못 쓸 때가 종종 있다. 때문에 매 학기마다 한 활동을 선생님께 이야기하고 생기부에 기록해 달라고 해야 한다. 각 과목 선생님이 학생이 한 모든 활동을 알아서 꼼꼼히 써주기는 어렵다. 또 생기부는 해당 학기에만 기록이 가능해 고3 때는 알았다 해도 못 넣으며, 고2 때는 고1 때 활동 내용을 넣지 못한다.

대학의 모집요강을 미리 보고 학종에 중점을 두기로 결정했다면, 귀찮아하거나 눈치가 보이더라도 1학년 때부터 선생님을 찾아가 자기가 한 활동을 생기부에 넣어 달라고 말씀드려야 한다.

유학원 없이
유학 가는 법

유학은 해외 대학에서 석사, 박사과정까지 공부하면서 학문을 이어나가고 싶은 사람, 해외 취업을 원하는 사람, 좀 더 넓은 세상을 보고 싶은 사람들에게 좋다. 국내보다 해외 대학이 해외에서의 취업에 더 유리하고, 해외 대학에서 학부를 마쳐야 그곳 대학원에 가기 수월한 건 말하나 마나다.

내가 다닌 미국 대학에서는 노력하는 만큼, 실력만큼

기회가 열렸다. 1학년임에도 교수님이 운영하는 연구실에서 인턴을 하며 돈도 벌었고, 힐러리 대선 캠프에서 일도 했으며, 외국인임에도 장학금으로 영국 케임브리지대학으로 교환학생을 다녀왔다.

모든 기회가 1학년이 채 끝나기도 전에 주어졌다. 나처럼 자유분방하게 공부하며 실력을 쌓고, 기회를 찾으면서 살고 싶은 사람에게 유학은 좋은 방법이다.

많은 한일고 졸업생 중에 고등학교 졸업 후 곧바로 미국 대학으로 간 첫 번째 학생이 나라는 걸 알고 깜짝 놀랐다. 그리고 우리나라 학생들이 유학을 무척 어렵게 생각한다는 걸 알았다. 몇 가지 준비해야 할 게 있긴 하지만, 국내 대학 지원할 때처럼 해외 대학에 지원하면 되는데 말이다.

나는 유학원을 거치지 않았다. 경제적 여건도 안 되는데다 업체를 이용하고 싶은 마음도 없었다. 학교에 계시는 영어 원어민 선생님과 지인들에게 물어물어 찾아낸, 혼자 힘으로 해외 대학에 진학한 사람들에게 도움을 받았다. 알고 보니 유학원 도움 없이 혼자 힘으로 해외 대학을 가는 사람들도 꽤 많았다. 물론, 처음에는 맨땅에 헤딩하는 기분이었으나 해내는 데 큰 무리는 없었다.

먼저 대학을 정하자!

미국 대학 입학 과정은 한국의 대학입시와 큰 틀에서 비슷하다. 유학을 갈 때도 마찬가지로, 먼저 가고 싶은 학과를 선택한 후 대학을 정해야 한다. 문제는 유학에 대한 정보를 찾다 보면 우리나라 입시처럼 무수히 많은 정보들이 쏟아져 도대체 무엇을 믿어야 할지 기준이 잡히지 않는다는 점이다. 그러다 보니 결국은 어쩔 수 없이 유학원의 문을 두드리게 된다. 나도 처음엔 수많은 정보 사이에서 혼란스러웠는데, 결과적으로 미국 대학교에 대한 정보는 딱 두 가지만 참고하면 되었다. 하나는 '빅 퓨처'라는 웹사이트bigfuture.collegeboard.org/college-search이고, 다른 하나는 《한 권으로 끝내는 미국 유학(Finnguil Williams Admissions Consulting 지음)》이란 책이었다.

다른 거 뒤지느라 시간 낭비할 필요 없다. 해외 대학에 대한 정보를 찾는 데는 이 정도면 충분하다. 이 사이트와 책에는 어떤 학과는 어느 대학이 좋은지, 학비는 얼마인지, ACT와 SAT 합격 점수 평균은 어떻게 되는지 등 필요한 정보가 거의 다 있다. 이 두 자료를 바탕으로 가고 싶은 대학을 추리면 된다.

시험은 뭘 봐야 할까?

한국인이 미국 대학에 지원하려면 두 가지 시험을 보아야 한다. iBT 토플과 ACT · SAT 중 하나다. iBT 토플은 미국 대학에서 수업을 소화해낼 능력을 증명하는 영어 시험이다. 그리고 ACT와 SAT는 우리나라의 수능 격인 미국의 대입 자격시험으로, 둘 중 하나만 보면 된다.

ACT와 SAT는 유형이 조금 다르다. 어떤 걸 볼까 고민하거나 다른 사람들의 이런저런 말에 휘둘리지 말고, 서점에서 기출문제집을 찾아본 후 성적이 더 좋게 나올 만한 걸 고르면 된다.

나도 문제집을 사다가 모의시험을 한 번씩 풀어본 다

음 ACT를 선택했다. ACT는 과학영역이 추가로 있긴 하지만, 외워야 하는 단어 양이 적은 데다 (우리나라 수능처럼 지식을 묻는 시험이 아니라) 특별한 과학 지식 없이도 풀 수 있을 정도였다. 그래서 내 경우, 자습시간에 혼자 공부하기엔 ACT가 훨씬 좋았다.

토플이든 ACT든 SAT든 시험공부는 영어만 기본이 된다면 혼자 해도 충분하다. 단, 늦어도 고2부터는 준비하는 게 좋다. 미국 대학을 대입 플랜의 하나로 진지하게생각한다면 그래야 한다.

에세이와 그 외 자료Material 준비

미국 대학에서는 필수 시험 외에 GPA(내신성적), 에세이, 그 외 자료들을 종합적으로 본다. 우리나라 학생부종합전형 방식으로 뽑는다고 이해하면 된다.

에세이는 자기소개서(자소서)와 비슷한데, 공통항목이 대부분인 우리의 자소서에 비해 미국은 대학마다 묻는 항목이 다르다. 따라서 가고 싶은 대학을 먼저 정해야 에세이 쓰기 준비를 시작할 수 있다. 에세이를 쓸 때에는 합격자 에세이를 모아놓은 책 중 (아무거나) 딱 한 권만을 구입해 참고하면서 학교에 계시는 원어민 선생님 도움을 받는 게 좋다.

원어민 선생님이 안 계시면 'Education USA'의 도움을 받으면 된다. 'Education USA'는 전 세계에서 미국의 교육을 받고자 하는 학생들을 무료로 도와주는 미 국무부 산하 재단이다. 미국 유학을 준비하는 학생이 받을 수 있는 최고 수준의 도움을 준다. 미국 국무부 산하기관이라 이윤을 목적으로 하지 않으면서 높은 수준의 상담사들을 보유하고 있어 유학원보다 훨씬 더 정확한 정보와 에세이 비평을 받을 수 있다.

나도 학교 원어민 선생님의 소개로 'Education USA' 소속 선생님의 도움을 받았다. 서울, 부산, 광주, 대구에 지부가 있다. 약속을 잡고 찾아가거나 영상통화로도 가능하다. 기숙학교를 다녔던 나는 스카이프 영상통화로 첨삭을 받았다.

그 외에도 미국 대학 입학에는 온갖 자료Material들을 첨부할 수 있다. 예체능 분야에 지원하는 사람들은 자신의 연주 동영상이나 경기 영상도 올린다. 나는 한·중·일 청소년 국제포럼에서 한 연설 영상과 준비과정에서 작성한 공문서, 후원서 등을 모두 첨부했다. 자기의 실력과 특별함을 보여주는 문서, 영상 등의 자료를 어떤 형식으로든 첨부해도 된다.

내신 환산도 해야 해!

한국에서 고등학교를 졸업하고 바로 미국 대학으로 가려 할 때 가장 복잡한 게 고등학교 내신을 미국식에 맞춰 변환하는 일이다. 등급체계인 우리나라 내신을 미국 고등학교처럼 학점 기준으로 전환하기는 쉽지 않다. 다니는 고등학교에서 미국 대학에 지원한 전례가 있다면 행정실에서 내신 변환 방법을 알 수도 있지만, 꼭 안다고 장담할 수는 없다. 모른다고 당황할 필요도 없다.

환산방식을 지정해 주는 대학도 있지만, 일반적으로는 대부분 4.0 만점으로 원점수가 97점 이상이면 A+(4.0점), 93~96점은 A(4.0점), 90~92점은 A⁻(3.7점), 87~89점은

B+(3.3점)로 환산하면 된다.^{참고3} 어렵다고 생각되면 이 또한 'Education USA'의 도움을 받으면 된다.

다만, 우리나라에서는 80점을 맞고도 내신 1등급을 받을 때가 있다. 이때도 B⁻로 환산해야 할까? 그래야 한다. 시험이 어렵게 나오는 학교라면 환산점수가 불리할 수밖에 없다. 그래서 나는 원어민 선생님 이름으로 "한국의 시험은 상대평가이며 미국 고등학교에 비해 난이도가 높고, 한일고의 경우 학교 시험이 무척 어려울 뿐만 아니라 경쟁이 치열하다."고 작성해 자료에 첨부했다. 하지만 크게 걱정할 필요는 없다. 미국 대학 입학담당자들은 우리나라 고등학교의 이런 형편을 이미 잘 알고 있으니까!

정말 중요한 학비!

유학을 결정하는 데 있어 학비는 가장 중요한 요소 중 하나다. 제일 먼저 솔직하게 이야기해야 할 부분이 바로 학비임에도 유학생들은 학비 이야기를 잘 안 꺼낸다. 왜 그러는지 잘 모르겠다.

입학을 결정하는 데 나에게 학비는 첫 번째 벽이었다. 시러큐스대학이 아니라 뉴욕주립대를 선택했던 이유도 학비 때문이었다. 그런데 공립임에도 기숙사비와 식비까지 포함하면 한 학기에 1만 8천 달러(1천 900만 원 정도. 사립인 시러큐스대학교는 수업료만 5만 달러였다.)나 되었다.

걱정이 많았지만, 정작 입학을 해서 보니 이 어마어마한 학비를 '팍팍' 줄이는 방법도 꽤 있었다. RA Residence Assistant(신입생들과 같은 기숙사를 쓰면서 생활 전반에 대한 도움을 주는 사람)를 하면 기숙사비와 식비를 전액 면제해주고, TA(조교)나 인턴 등을 하면 또 학비를 줄여준다. 많으면 절반까지도 줄일 수 있다. 게다가 (나도 미리 알았다면 좋았을 텐데) 한국에 장학재단도 많다. '관정 이종환 재단' 같은 곳에서는 재단에서 정한 학교에 입학하면 조건 없이 학비를 지원해 준다. 그리고 내가 옮긴 BYU처럼 한 학기 당 2,650달러로 우리나라 사립대학보다 싼 곳들도 있다.

유학을 가려는 사람들이 꼭 알아야 할 내용은 이 정도면 충분하다. 더 중요한 건 유학도 자기의 꿈에 따라 명확한 목적을 가지고 가야 한다는 점이다. 목표 없이 유학을 가면 돈과 시간만 낭비할 뿐이다.

미국 대학은 노력만큼, 실력만큼 기회가 주어지는 곳이다. 놀기만 하면서 실력을 쌓지 않으면 아무것도 주어지지 않는다. 유학생 중에는 부모님 등쌀에 어쩔 수 없이 떠밀려 와서는 감시에서 벗어난 틈을 타 엉뚱한 짓만 하는 학생들도 많다. 그들은 결국 몸과 마음에 상처만 남긴다. 분명한 목적과 꿈이 있어야 버텨낼 수 있다.

4장

10대들의 소리 없는 아우성

4%만 잘사는 게
학교입니까?

　10대의 행복을 위해선 '생존법'만으로는 충분하지 않다. 애초에 우리에게 주어진 현실이 우리를 불행하게 만드는 근원인데, 그 현실에서 살아남는 것만으로는 행복해질 수 없다. 바꿔야 한다. 그 첫 번째 대상은 학교다.

　하루 중 대부분을 학교에서 보내는 10대들은 학교생활이 행복해야 한다. 하지만 교육당국은 자유학기제 같은 땜빵식 제도들만 내놓고 있으며, 사교육 부담은 여전히 늘어나고 있다. 교육정책을 만드는 사람들이 교육에 대한 분명한 철학과 원칙이 없기 때문이다.

노력한 만큼 성적이 나오는 평가 시스템, 시대가 필요로 하는 지식과 능력을 갖추는 교육, 학생 개인의 관심사와 진로를 찾도록 돕는 교육, 학생 한 명 한 명 모두를 소중히 하는 교육! 적어도 이 네 가지만큼은 분명한 원칙으로 삼고 학교를 바꿔나가야 한다. 그래야 10대들이 행복한 학교를 만들 수 있다.

노력한 만큼 성취하는 교육

학부모들에게 사교육을 시키는 이유를 물어보면 선행학습 없이는 좋은 성적을 받기 어렵고, 진학에도 불리해서라고 대답한다. 그만큼 학교 시험이 어렵다는 말로, 이미 우리나라 학교 시험은 정상적인 평가를 벗어났다는 뜻이다.

학교 시험이 왜 이렇게 되었을까? 낙오자가 나와야만하기 때문이다. 우리나라 학교는 성취도가 높은 소수의 학생들만 선택해 그 소수만이 성공하는 교육, 모두에게 공평한 교육이 아니라 차별화되고 선별된 '우수한 아이들'을 잘 관리해 SKY에 보내는 교육을 추구해 왔다.

사교육을 받는 이유 살펴보니

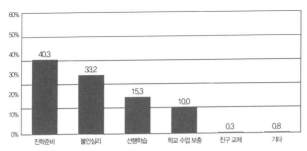

참고 4

사교육에서 선행학습을 하는가?

사교육에 참여한다는 학생, 학부모 5,670명에게 물은 결과

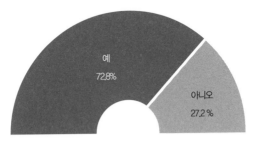

참고 5

그렇게 내신성적이나 수능성적, 즉 지필시험으로 걸러져 SKY에 가고, 그것에 성공한 사람들은 '지필시험이야말로 지구상에 존재하는 가장 공정한 평가방식'이라며, '자고로 시험이란 변별력이 있어야 제대로 된 것'이라고 주장한다. 이들의 잘못된 인식 때문에 아직도 우리나라 10대들은 일제강점기와 학력고사 시절의 고통에서 벗어나지 못하고 있다.

교육당국자들은 한 수업을 같이 듣는 학생의 절반이 90점 이상의 성취도를 보일 수도 있다는 걸 인정하려 들지 않는다. 아니, 모든 학생이 90점 이상을 맞아서는 안 된다고 생각한다. 1등급은 오직 상위 4%만이어야 한다. 그러니 많은 문제 중에는 꼭 상위 4%만이 맞힐 수 있는, 교과서 여백의 주석까지 달달 외워야 맞힐 수 있는 이상한 문제들을 내 학생들을 괴롭힌다. 그렇게까지 했는데도 1등급 비율을 4% 언저리에서 유지하지 못하면 변별력 없는 실패한 시험이 되고 만다.

그럼으로써 한창 자유롭게 사고하고 협력하며 꿈을 탐색해야 할 아이들을 서로를 밟고 일어서야 할 경쟁자로 만들고, 어린 나이에 공부 때문에 스트레스에 시달리게

고등학교 때 가장 이해하기 어려웠던 내신 등급

모두가 우수한데 어째서 1등급은 6명만(한일고 기준)이어야 할까?

등급	누적비율	등급비율	100명	200명	300명
1	1~4%	4%	4	8	12
2	~11%	7%	7	14	21
3	~23%	12%	12	24	36
4	~40%	17%	17	34	51
5	~60%	20%	20	40	60
6	~77%	17%	17	34	51
7	~89%	12%	12	24	36
8	~96%	7%	7	14	21
9	~100%	4%	4	8	12

만든다. 그렇게 10대들을 방과 후에도 대부분 학원에 보내 놓고서는 또 창의적이고 진취적이어야 한다고 입이 부르트도록 몰아댄다. 앞뒤가 안 맞는다.

시험을 아무리 잘 봐도 비교 상대가 있는 평가방식은 기계처럼 공부하는 인간을 만들어낸다. 간발의 차이일 뿐 실력이 비슷한데도 1등급에서 밀려나고, 실력이 떨어져도 남들보다 낫다는 이유로 1등급을 받는 이상한 일들이 벌어진다. 순위로 성취의 정도를 평가하는 이런 상대평가는

1등을 뺀 모두를 불행의 구덩이 속으로 밀어넣는다.

반면, 절대평가는 학생들을 좌절시키지 않는다. 학교 수업 집중해 듣고, 예습과 복습 잘하면 시험에서 좋은 점수를 받을 수 있어야 한다. 모두가 노력한 만큼 성취하는 학습 환경이 만들어져야 사교육도 줄어든다. 기초역량평가(수능)나 암기된 지식 평가(내신)로 인재를 뽑지 않는 교육 선진국들은 시험도 쉬울 뿐만 아니라 절대평가여도 인재들을 잘만 찾아낸다.

현재의 상대평가 방식은 경제적으로 조금이라도 더 나은 집 아이들에게 유리할 수밖에 없다. 높은 수준의 선행학습이나, 수없이 반복하면서 외움으로써 점수를 잘 받으려면 사교육이 필요하기 때문이다. '균등한 기회 부여'가 교육의 목적임에도 '과정에서의 평등'이라는 교육의 기본 정의를 살리기는커녕 오히려 집안 배경에 의해 격차가 벌어진다.

가르치는 게
아빠 때와 똑같잖아요!

평가방식뿐만 아니라 평가의 대상도 달라져야 한다. 우리 교육이 지필시험을 강조하고, 전혀 필요 없는 교과서 여백의 작은 글씨까지 달달 외워야 맞출 수 있는 문제로 학생들을 변별하는 이유가 있다. 지금 무엇을 가르쳐야 하는지를 잘 모르기 때문이다.

반면, 학생들은 이미 문제가 뭔지 알고 있다. '2019 전국 학생 인권 실태조사'에 따르면, 우리나라의 학생들 2

명 중 1명(47.3%)이 '학교를 그만두고 싶다.'고 말하고, 3명 중 1명(35.4%)은 '학교 수업이 내 삶에 도움이 되지 않는다.'고 말한다.참고6

"19세기의 학교에서, 20세기의 교사들이, 21세기의 학생들을 가르친다."

교육계에 흔하게 떠도는 말이다. 지금 우리 교육은 시대에 뒤떨어진 방식으로 먼 미래를 살아야 할 학생들을 괴롭히고 있다.

우리는 이미 포털 검색을 이용하면 어떤 지식이든 순식간에 찾을 수 있는 시대에 산다. 100점을 맞아도 몇 달만 지나면 대부분 잊어버리는 지식을 평가하는 게 아무런 의미가 없다는 것 또한 모두가 아는 사실이다. 외운 지식을 평가하는 지식기반Knowledge-based 시험에서 능력 중심Skill-based 시험으로, 암기력를 평가하는 게 아니라 탐구력, 발표력처럼 21세기에 필요한 능력을 평가하는 시험으로 바꿔야 한다.

한국에서 공부하다 가서 미국 학교 시험을 보면 쉬울거라고 생각하는 사람들이 있다. 사실이 아니다. 한국에서 주입식 교육을 받다가 미국으로 간 나는 중간고사, 기말고사로 성적이 나오지 않고 탐구와 과제, 발표로 성적이 나온다는 걸 알고 무척 당황했다. 시험은 꼭 알아야 하는 것들 위주로 간단하게만 보았고, 최종 성적에서 지필시험이 차지하는 비중은 25%가 채 안 되었다. 게다가 과제 발표 채점기준표에는 "발표의 구성, 자신감, 목소리 크기, 제스처, 시선 처리eye contact" 등이 있었다. 한국 학교에서는 생각지도 못한 평가방식이었다.

아래는 미국 중학교 국어 수업에서 내가 받은 최종 발표과제 채점표다. 말하고자 하는 바가 뚜렷하고, 자세한 근거들로 내 주장을 뒷받침하고 있다고 해서 '주제와 내용'에서 5점 만점을 받았다. '언어'에서는 대부분 전문적

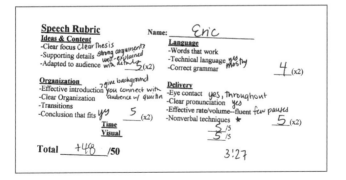

인 언어를 사용했지만, 군데군데 구어체를 사용한 부분이 있고, 문법이 조금 틀린 부분이 있어 4점을 받았다.

'구성'에서는 질문을 통해 관객들과 소통한 점, 결론에 도달하는 과정이 자연스럽고 적절하다는 점에서 5점 만점을 받았다. '전달력'에서도 발표 내내 관객들과 눈을 맞추고 있고, 발음이 정확하며, 중간중간 멈춘 부분이 있지만, 제스처와 같이 비언어적 요소 또한 잘 활용하여 5점 만점을 받았다. 이건 당시 미국 아이들을 다 포함하고도 가장 높은 점수였다.

미국 중학교에서는 수업을 들으면서 나는 매시간 성장한다는 걸 느꼈다. 한국에서는 시험을 잘 보면 그냥 시험 잘 봤다는 것 외에 별다른 느낌을 못 받았는데, 미국 중학교에서의 수업은 듣다 보면 실력이 향상되는 것 같았다. 그렇게 나는 미국 중학교를 수석 졸업했다. 한국에서 해보았던 전교 1등과는 전혀 다른 기분이었다.

어쩌면 이런 교육이 고등학생임에도 불구하고 유네스코 한국위원회를 찾아가 불쑥 기획안을 내밀거나, 물어볼 게 있다며 문재인 대통령(당시 새정치민주연합 공동대표)에게 만나자고 연락할 힘을 준 건 아닐까 싶다.

반대로, 중3 때 한국으로 돌아온 나는 다시 달달 외우기만 하는 주입식 교육을 받으면서 너무나 괴로웠다. 아무런 목적 없이 교과서 지문만 외우고 있는데, 구역질이 났다. 친구에게 이걸 왜 하고 있냐고 물으니, 그래야 점수가 나온단다. 그것은 뉴욕주립대, BYU, 케임브리지대를 거쳐 오게 된 서울대학교에서도 마찬가지였다.

창의적 탐구력, 설득력 있는 발표력, 글쓰기 능력이 21세기에 필요한 능력임을 깨달은 미국을 비롯한 교육 선진국들은 오래전부터 그런 방식으로 교육을 해왔다. 하지만 우리나라는 아직도 오지선다형 암기 시험에서 벗어나지 못했다. 쓸 인재가 없다는 기업들의 푸념은 청년들의 잘못에서 비롯된 게 아니다. 교육방식의 잘못 때문이다. 하루라도 빨리 21세기에 맞게 교육의 패러다임을 바꾸어야 한다. 과감하게!

배우고 싶은
과목이 없어요!

　행복하려면 자기가 언제 행복한 사람인지를 알아야 한다. 그리고 좋은 교육은 그것과 맞닿아 있어야 한다. 10대들이 어디서 행복을 느끼는 사람인지 찾아다니는 과정에 교육이 동행해야 한다는 말이다.

　10대들이 자신의 적성과 흥미를 찾고, 그에 따르는 수업을 들으면서 꿈을 찾게 하는 데는 중고등학교에서도 다양한 과목을 들을 수 있는 학점이수제가 필요하다. 선진국에서는 이미 시행하고 있는 이 제도를 우리는 이제야 2025년부터 '고교 학점제 전면 시행'을 말한다. 그것마저도 반대하는 사람들이 많다.

미국은 중학교에서도 학점이수제를 실시하고 있다. 나도 스페인어, 관악단 등 여러 과목을 자유롭게 선택해 들었는데, 고등학교는 선택할 수 있는 과목의 수가 훨씬 더 많았다. 프랑스어, 독일어, 경영과 마케팅 탐구, 웹디자인, 창의적 글쓰기, 해부와 생리학 등 얼핏 들으면 대학교에나 있을 법한 수업들도 있었다. 예체능도 일반 체육 외에 유산소 운동, 근력 운동(웨이트 리프팅), 요가, 유리 공예, 조각, 도자기 공예 등 수업이 다양했다.

사실 이렇게 배우고 싶은 과목을 골라 들을 수 있으면 자사고, 특목고는 자연스럽게 필요 없어진다.(이범,《나의 직업 우리의 미래》창비. 유럽에 특목고가 없는 이유, pg48). 같은 학교라도 '해부와 생리학' 같은 수업을 듣는 학생들에게는 그 학교가 과학고가 되고, 독일어나 프랑스어 수업을 듣는 학생에게는 외고가 된다. 심지어 조각, 도자기 공예 수업을 듣는 학생에게는 예고가 되기도 한다. 학생들에겐 모든 학교가 맞춤형 특목고인 것이다.

하지만 지금의 교육은 학생 개개인이 아닌 학교에 선택권을 줌으로써 학생들은 학생대로 중학생 때부터 고교 입시로 고통받고, 교육은 교육대로 고교 서열화로 비정상이 되는 결과를 만들어내고 있다.

반면, 이런 정도의 학점이수제를 시행하면 현실적인 문제에 부딪힐 수밖에 없다. 수십 가지 선택과목을 개설해 학점이수제를 하기에는 시설, 인력 등 준비할 게 많은데, 우리나라 도심에 있는 학교는 규모가 아주 작다. 지금 과목만으로도 학점이수제를 하기엔 공간이 부족하다. 그렇다고 과목 수를 안 늘리는 편법을 써서는 안 된다. 제도에 맞게 학교가 지어져야 한다. 그래서 학생들이 창의적이고 자유롭게 생활하는 가운데 각자 꿈을 찾을 수 있어야 한다.

지금의 학교 건물은 교도소와 비슷하다. 대한민국에서 똑같은 옷을 입고, 똑같은 식판에, 똑같은 밥을 배급받아 먹는 곳은 교도소와 군대와 학교밖에 없다.참고7 아직 학교에 남아 있는 군대 문화와 교복 문화는 학생들을 규율에 잘 따르는 모범 시민으로는 만들 수 있을지 모르나 각자의 꿈을 펼치며 사는 행복한 사람으로 만들어주지는 못한다. 학생들을 교도소와 같은 곳에 가두어놓고 창의적으로 살아가라고 요구하는 것은 양계장에서 키운 닭을 보고 독수리처럼 날아 보라는 것과 같다고《어디서 살 것인가》(을유문화사)의 저자 유현준 교수는 말한다.

앞으로의 학교는 다양한 목적의 공간이 많아져 다양한 수업과 탐구활동을 할 수 있어야 하고, 층이 낮은 건물들이 넓은 부지에 퍼져 있어 학생들이 언제든 편하게 밖으로 나갈 수 있어야 한다. 밖에는 자연과 함께 모여 잡담할 수 있는 공간도 많아야 한다. 이런 학교를 만들어주고 난 후에야 맘껏 날아 보라고 말할 수 있지 않을까!

또 학생들에게 더 깊이 탐구하고 즐길 수 있는 교과 외 활동들도 보장해 주어야 한다. 실험, 연구, 인턴 등 비교과 영역은 자사고, 특목고 학생, 교수 자녀들만이 선점하는 특혜 활동이라는 논란을 빚어왔다. 하지만 그렇다고 비교과 영역을 없애는 방식은 올바른 해결방안이 아니다. 그것은 자유롭게 꿈꾸고 탐구할 학생들의 기회를 박탈하고 치열하게 내신공부만 하라는 말과 같다. 마치 버스만 타던 세상에 KTX가 나왔는데, KTX는 돈 있는 사람들만 탈 수 있으니 KTX를 없애자는 주장과 마찬가지다. KTX를 없앨 게 아니라 기차를 공영화해 값을 낮춰야 하듯 비교과를 없애 문제를 해결하기보다 비교과 영역을 공교육 안으로 가져와야 한다.

대학교수와 함께하는 연구와 논문 작성, 인턴십 등 특권층의 자녀들만 가질 수 있던 기회를 학교와 교육청이 각 지역의 대학교수들을 통해 원하는 학생들 모두에게 제공해야 한다는 뜻이다. 여러 기관의 인턴십이나 체험 활동도 운영은 각 기관에서 하되 참여 학생의 선발은 교육청에서 한다면 훨씬 공정해질 수 있다. 교육청과 학교 등 공공기관이 나서서 꿈을 찾는 10대들이 각자 원하는 활동을 할 수 있게 해줌으로써 행복해지도록 지원해야 한다.

왜 전교 1등,
전교회장만 챙기나요?

　우리나라 학교에서는 전교 1등, 전교회장 등 전교권 성적 아이들에게 상장을 포함한 모든 기회를 몰아주는 일이 공공연하게 일어난다. 유명 일반고, 자사고, 특목고, 명문대에 진학한 사람들은 가슴에 손을 얹고 생각해 보라. 중고등학교 시절 자기로 인해 직접적이든 간접적이든 피해를 본 친구들은 없는지……. 이런 교육은 시험과 평가를 어떻게 바꾸는지와 상관없이 지속이 불가능하다.

공부를 잘하든 못하든, 전교회장이든 아니든 모두에게 동등한 교육이 되어야 한다.

그러려면 먼저 선생님 수를 늘려야 한다. 학점이수제를 도입해 다양한 과목이 신설된다면 당연하겠지만, 지금처럼 유지된다 해도 선생님 한 분이 담당하는 학생 수를 줄여야 한다. 특히, 진로와 관련한 선생님이 많아야 한다. 지금은 진로를 담당하는 선생님이 대개 한 학교 당 한 분뿐이다. 학생 모두에게 진로상담을 해줄 수가 없다. 선생님 수를 늘리고 진로상담을 의무화해 학생 각자가 좋아하는 것, 하고 싶은 것을 찾을 수 있도록 도와주어야 한다.

한국에서 전교권 성적에 전교 회장을 하면서 나는 친구들에게 죄책감을 느꼈다. 학교가 공부 잘하는 아이 아니면 신경을 안 썼기 때문이다. 이런 환경 아래에서 교육을 받으니 그것을 당연하게 여기는 이기적인 사람이 될 수밖에!

성적이 좋은 아이든 나쁜 아이든 모두를 신경 쓰는 학교, 공평하게 교육받고 꿈을 좇는 학교가 되어야 한다. 하지만 우리나라 학교는 선생님들이 학생 한 명 한 명을 챙기고 싶어도 챙길 수 없는 구조다. 가르치는 일과 전혀 상관없는 일들을 선생님들이 해야 하기 때문이다.

우리 학교에서는 CCTV 관리, 컴퓨터 관리, 예산 편성 등이 모두 선생님들에게 부여된다.참고8 잡다한 행정 업무에 밀려 정작 챙겨야 할 학생들을 챙기지 못하고, 수업 연구를 하지 못해 수업의 질이 떨어진다.

미국의 중학교에서는 선생님들이 가르치는 일과 평가만 했고, 그 외 시간에는 가르치기 위한 연구에 몰두했다. 그래서 학생들이 학업이나 학교생활과 관련된 고민을 들고 찾아오면, 선생님들은 그 이야기를 신중히 듣고 해결해 주기 위해 진지하게 노력한다. 성적 산출을 포함한 기타 모든 행정 업무는 행정을 담당하는 직원들이 했다. 미국 학교에 행정 직원들이 많은 이유다.

그러나 우리나라 학교에는 행정직원 평균 수가 3명이 되지 않는다.참고9 온갖 업무들이 모두 선생님에게 쏟아진다. 업무량도 적지 않다. 담임을 맡은 선생님들도 예외가 없으니 반 아이들 모두를 일일이 신경 쓰기 어렵다. 학생들을 가르쳐야 할 선생님들이 다른 업무를 하느라 정작 학생들에게 쏟는 시간과 노력이 줄어드는 것이다. 선생님을 잡다한 행정 업무에서 해방시켜야 한다!

사교육을 받는 이유 살펴보니

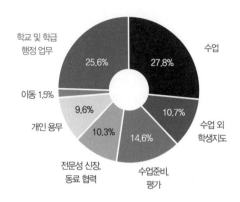

- 학교 및 학급 행정 업무 25.6%
- 수업 27.8%
- 이동 1.5%
- 수업 외 학생지도 10.7%
- 개인 용무 9.6%
- 10.3%
- 14.6%
- 전문성 신장, 동료 협력
- 수업준비, 평가

●근무 외 시간

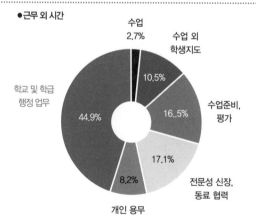

- 수업 2.7%
- 수업 외 학생지도 10.5%
- 학교 및 학급 행정 업무 44.9%
- 16..5%
- 수업준비, 평가
- 17.1%
- 전문성 신장, 동료 협력
- 8.2%
- 개인 용무

참고 10

전국 초 · 중 · 고 교사 대상 조사 결과

●행정 업무 부담이 수업에 지장을 주는 정도

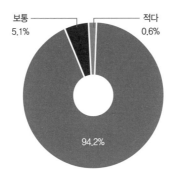

보통
5.1%

적다
0.6%

94.2%

●행정 보조 인력이 필요한가?

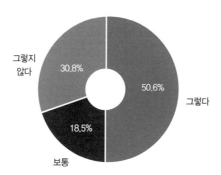

그렇지
않다 30.8%

50.6%

18.5%

그렇다

보통

참고 11

수능 여러 번 보면 안 돼요?

수능을 앞두거나 수능을 보고 난 후 10대가 자살을 했다는 가슴 아픈 뉴스를 심심치 않게 듣는다. 과민성대장증후군, 불면증, 만성피로, 우울증 등은 수능을 앞둔 수험생들이 달고 사는 병이 된 지 오래다. 수능이 대입 시험을 넘어 아픔의 근원이 된 이유는 그 부담이 엄청나기 때문이다.

수능 날 아프거나 컨디션이 안 좋아 시험을 망쳐도 돌이킬 수 없다. 그렇게 평소 실력과 다르게 낮은 성적을 받으면 다시 1년이라는 기간과 막대한 비용을 들여야 한다. 그런다고 다음에 또 그러지 말라는 보장도 없다. 이런데도 1년에 딱 한 번만 치른다. 갖가지 고시도 유효기간을 주는데 수능에는 유효기간도 없다.

그러니 수능시험 날 영어 듣기평가가 진행되는 시간에는 비행기가 안 뜰 정도고, 수험생 가족들은 혹 잘못되기라도 하면 어쩌나 하는 생각에 터무니없이 화를 내도 쉬쉬하며 수험생 눈치만 본다. 하지만 그런다고 수험생들의 불안이 사라지는 것도 아니다.

핀란드는 대입 자격시험을 봄과 가을, 1년에 두 번 실시하는데, 학생들은 고2 하반기부터 시작해 세 번의 시험을 볼 수 있다. 고2 가을과 고3 봄, 고3 가을, 이렇게 세 번의 기회가 있는 것이다. 그리고 고2 가을엔 국어와 수학, 고3 봄엔 수학과 외국어 등 원하는 시험을 선택해 볼 수 있고, 고3 가을까지만 모든 시험을 치면 된다.참고12 또 미국 대입 시험은 1년에 총 7번(2월, 4월, 6월, 7월, 9월, 10월, 12월) 치러진다. 고등학교 졸업 전까지 아무 때나 원하는 시간에 신청하고 가서 보면 된다. 여러 번 봐도 되는데,

대학에는 그중 제일 잘 나온 성적을 제출한다.

이런 제도는 우리나라도 가능하다. 이미 6월, 9월 모의고사를 수능 출제기관인 평가원에서 주관하고 있으니, 거기에 고3 3월 모의고사를 더해 3월, 6월, 9월 모의고사와 11월 수능을 모두 평가원 수능으로 만들면 된다. 보고 싶은 때에 보거나, 여러 번 보게 할 수도 있다. 성적의 유효기간을 2년으로 늘릴 수도 있다.

문제 수준도 지금보다 쉬워져야 한다. 수능이 쉬워져야 한다고 말하면 변별력이 떨어져 안 된다고 반대한다. 불필요한 걱정이다. 대학에서 수업을 듣고 배우고 구하는 데 필요한 기초 역량을 갖추었는지 확인하는 시험에서 한두 문제로 학생들의 수준을 변별해서는 안 된다. 그런 잘못된 방침으로 인해 큰 의미 없는 한두 문제 우위를 차지하려 불필요할 정도로 치밀하게 공부해야 하는 10대들은 몸과 마음이 병들어 간다.

수능에서의 한두 문제로 학업성취도 최상위권의 학생들을 변별한다는 건 어불성설이다. 다 맞으면 서울대에서 공부할 수 있고, 한 문제 틀리면 서울대에서 공부할 수 없다는 것은 무슨 근거로, 누구를 위해 만든 기준인가!

문제 유형도 문제다. 21세기에 오지선다형 문제를 푸는 능력으로 대학이 결정되다니 우스꽝스럽다. 수능성적만으로 합격과 불합격을 결정하는 건 불합리하다. 수능성적이 아무리 높아도 경영학도로 얼마만큼이나 성공할 친구인지, 얼마나 훌륭한 의사가 될 수 있는지에 대한 통찰은 조금도 보여주지 못하기 때문이다. 수능은 다른 모든 전형에 속한 평가요소 중 하나, 즉 앞서 말한 수능 최저 등으로 반영하는 게 맞다.

그래서 정시 폐지를 주장하면 또 학종의 폐해를 들어 반대한다. 정시가 가장 정직한 전형이라며 말이다. 학종이 지금 제 기능을 못하는 건 사실이다. 하지만 21세기에 걸맞은 인재 선발 방식임은 부인하기 어렵다. 게다가 사실 정시는 전혀 정직하지 않다. 성적순으로 줄을 세우니 부정이나 편법이 들어갈 틈이 없다고? 과연 그럴까?

지금의 정시 전형은 가, 나, 다군으로 나뉘어 군별로 하나의 대학에만 지원할 수 있다. 즉, 각각의 군마다 특정 대학의 특정 과에 지원한 수험생들끼리 경쟁하는 방식이다. 내가 지원한 곳에 나보다 성적 좋은 아이들이 얼마나 지원할 것인지에 대한 예측이 합격과 불합격을 좌우한다.

비슷한 성적의 학생들끼리 눈치 게임이 일어난다. 잘하면 낮은 성적으로 커트라인이 높은 학교의 과에 합격(수험생들은 이런 경우를 터졌다고 말한다)할 수도 있고, 잘못했다가는 충분히 합격 가능한 높은 성적으로도 떨어진다.

이처럼 정시 전형은 우리 생각만큼 정직하게 대학을 갈 수 있는 제도가 아니다. 전형 과정에서 운이 따라야 하고 꼼수를 부려야 한다. 해본 사람은 다 안다. 그리고 그 중간에 입시 컨설팅 업체들이 있다. 수험생이 취득한 성적으로 각 군의 어느 대학 어느 과에 합격할 수 있을지 수집한 자료로 통계와 분석을 제공한다. 이 역시 믿거나 말거나지만 수험생과 학부모들에겐 별다른 방법이 없다.

수능을 자격시험으로 하지 않은 채 정시라는 제도를 유지한다면 최소한 사람들이 믿듯 성적순으로 정직하게 대학을 갈 수 있게 해줘야 한다. 가나다 군의 구분을 없애 수험생과 학부모들이 합격 가능성 때문에 불필요한 눈치 게임을 하지 않도록 해줘야 한다. 더욱이 불안해서 거대 입시 학원의 문을 두드리는 일은 없게 해야 한다.

공정한 학종이
가능한가요?

"세계사적 소명을 실천하는 창의적 지식 공동체!"

서울대가 원하는 인재상이 담긴 이 말 속에는 '세상을
더 좋은 방향으로 이끌겠다는 사회적 책임감과 리더십을
갖춘, 창의성과 학문적 소양이 바탕이 되어 있는 사람'을
뽑거나, 적어도 그렇게 만들겠다는 의지가 들어 있다.

궁금하다. 서울대는 정말로 그런 소양을 갖춘 학생들
이 갈까? 성적이 좋을수록 공동체적 사회의식이 떨어지

는 데다, 사회적 책임감도 낮으며, 리더십을 갖추기보다는 이기적이고, 창의적이기보다는 단순 지식을 암기하는 능력이 출중한 아이일 확률이 높은 우리 사회 현실에서?

각 학교에서 추구하는 인재의 덕목을 수능이나 내신성적만으로 알아채고 뽑을 수 있다면 가능한 일이지만, 상식적으로 보아도 불가능하다. 소가 웃을 일이다. 그러려면 학업성취도는 기본이고, 말과 글을 통해 지원자가 살아온 행적, 생각과 꿈을 듣고 살펴보아야 한다. 학종이 바로 이렇게 인재를 선발하는 입시전형이다. 게다가 대입을 준비하는 과정에서 꿈을 찾게 해주는 전형이기도 하다.

누누이 얘기하지만, 10대 시절의 삶이 행복하려면 꿈을 향해 가는 길과 대입의 길, 즉 중고등학교에서의 생활과 학습이 일치해야 한다. 다른 사람들을 돕고 사는 게 꿈인 데다 인체에 신비함을 느껴 의사가 되고 싶다면, 학교 공부나 동아리 활동 등이 의대에 합격해 다른 사람을 돕고 사는 의사가 되려는 과정과 같은 선상에 있어야 한다는 말이다.

하지만 우리 10대들의 삶은 그렇지 못하다. 우리나라

에서는 좋은 의사가 되는 것과는 크게 관련이 없는 국영 수를 잘해야 의대를 갈 수 있다. 그래서 밤낮을 가리지 않고 훌륭한 의사와는 1도 관련이 없는 수능과 내신 공부만을 한다. 그러면서 '도대체 내가 이걸 왜 공부하는 거지?', '이게 내 꿈과 무슨 상관이 있지?' 물으며 괴로워한다.

그렇다면 우리의 학종은 바람직하게 시행되고 있을까? 안타깝게도 본 목적을 잃었다. 서울대도 학종으로 "세계사적 소명을 실천하는 창의적 지식 공동체"에 부합하는 학생들을 뽑지 못한다. 그냥 고교 서열화를 반영한 내신전형이라고 봐도 무방하다. 목적에 맞게 개개인의 능력과 발전 가능성을 다양하게 평가하지 않는다. 고등학교별로 등급을 매긴 다음 자기소개서와 생기부를 확인하고 면접을 볼뿐이다.

예를 들면, '용인외고는 내신 4등급까지, 한일고는 내신 3등급 초반까지, 일반고는 전교 1~2등만'이라는 정해놓은 기준에 맞는 학생들의 자료만 본다. 국내 최상위권 대학에서 "내신 4등급도 우리 학교 합격했다."며 학종에서 성적과 상관없이 뽑는 것처럼 예로 드는 학생들은 대부분 서열 최상위권의 전국단위 자사고나 특목고 출신들

대학 전임 입학사정관 1인당 심사위원

단위: 명. 대상은 고교 교육 정상화 기여 대학 지원사업 선정 대학

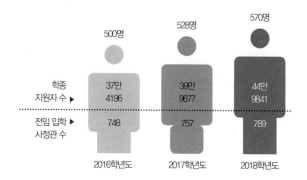

	2016학년도	2017학년도	2018학년도
	500명	528명	570명
학종 지원자 수 ▶	37만 4196	39만 9677	44만 9841
전임 입학 사정관 수 ▶	748	757	789

서울 주요 대학 전임 입학사정관 수

단위 : 명. 가나다순

학교명	2017 학년도	2018 학년도	학교명	2017 학년도	2018 학년도
경희대	22	22	연세대	13	16
고려대	17	35	이화여대	17	14
서강대	12	13	중앙대	19	19
서울대	25	25	한국외대	18	17
서울시립대	13	13	한양대	16	16
성균관대	15	16			

서울대 전임 입학사정관 수가 25명이다. 2018년 서울대 수시 지원자 수는 18,084명이다. 모든 지원자를 한 번씩만 본다 하더라도 입학사정관 한 사람 당 723명이다.

참고 13

이다. 최상위권 대학에서 학생부종합전형이란 이처럼 그
냥 말만 번지르르할 뿐 사실상 '고교 서열에 따른 내신
전형'에 지나지 않는다.

그러는 이유가 뭘까? 간단하다. 입학사정관이 부족해
모든 학생들의 자료를 꼼꼼히 볼 수 때문이다. 입학사정
관이란 학종 전형에 응시한 지원자가 제출한 자료를 보
고 평가하는 사람들이다. 그런데도 국내 최상위권 대학
입학설명회에 가보면 모든 자료를 성실히 볼 수가 없다
는 얘기를 아주 자랑스럽게 한다. 심지어 어떤 자료는 보
지도 않으니 보내지도 말라고 대놓고 말할 때도 있다.

앞에서도 적었지만, 미국 대학들은 우리나라 대학이
학종에서 제출받는 자기소개서, 생기부, 각종 성적, 수상
내역 외에도 제출 가능한 온갖 자료들을 다 받는다. 제한
이 없다. 자신의 연주 영상, 경기 영상, 직접 그린 그림,
연설 영상, 일하면서 직접 만든 공문서 등 모든 것을 보
내도 된다. 컴퓨터 파일의 경우 무제한으로 올릴 수 있으
며, 우편으로도 자료를 받는다. 대한민국 사람 모두가 그
렇게 우러러보는 하버드가 학생을 이렇게 뽑는다.

학생 자신이 한 활동인지 아닌지 꼼꼼히 자료를 검토

하지 않으면 학종 같은 바람직한 전형도 '단순 내신 전형'으로 전락하고 만다. 유일한 차이는 내신이 학교 구분 없이 정량평가되는 학생부교과전형과 달리 내신을 정성평가한다는 핑계를 대면서 대학 나름대로 정해 놓은 고등학교의 서열에 따라 내신을 반영한다는 것뿐이다. 결국, 등급이 높은 특목고나 자사고 출신들이 합격하는 엘리트 전형, 돈 많이 들여 이름 거창한 활동을 많이 한 학생들만 눈에 띄는 귀족 전형이 되어 버리고, 온갖 편법과 탈법이 기승을 부린다.

어떤 이들은 겉으로 드러나는 학종의 폐해만 보고 정시로 돌려야 한다고 주장하지만, 그것은 우리 교육을 20세기로 후퇴시키자는 말이나 마찬가지다.

좋은 학생을 선발해 훌륭한 인재를 많이 배출하는 대학이 되려면 학종으로 뽑아야 한다. 입학사정관 수를 지원자 대비 일정 수준 이상으로 늘려 최대한 많은 자료를 검토하고 나서 학생을 선발할 수 있어야 한다. 그래야 비로소 학종이 학종다워진다.

5장

10대를 행복하게 보내려면

내 꿈은 360자입니다

"넌 꿈이 뭐니?"

어른들이 종종 묻는다.

여러분들의 꿈은 뭔가? 혹시 의사, 법조인, 선생님, CEO, 크리에이터 등등은 아닌가? 우리는 흔히 이런 직업들을 꿈이라고 말한다. 하긴, 어른들의 "꿈이 뭐야?"라는 질문에는 '네가 갖고 싶은 직업을 말해 봐.'라는 의미가 이미 들어 있는 게 사실이다. 하지만 그건 꿈이 아니다.

꿈이란 '나는 어디서 행복과 가치와 보람을 느끼는 사람인가?'에 대한 대답이자 어떤 삶을 살고 싶은지에 대한 소망이다. 돈을 최대한 많이 벌어 하고 싶은 것 다 하며 사는 게 원하는 삶일 수도 있고, 어렵고 힘든 사람을 도와가며 사는 것일 수도 있으며, 사랑하는 사람을 만나 오순도순 아이 낳고 알콩달콩 소박하게 살아가는 모습이 원하는 삶일 수도 있다. 내가 살고 싶은 삶에 대한 그림이 바로 꿈이다. 그게 무엇이든 간에.

"나는 개인적으로는 내 가족의 행복과 안정을 위해 그리고 사회적으로는 대한민국을 살아가는 사람들의 행복과 이 사회의 진보를 위해, '더 많은 것이 주어진 자에게는 더 많은 것이 요구된다.'는 사회적 책임감과 '나로 인해 단 한 사람의 삶이라도 더 행복해졌음을 내가 안다면 그것이 성공.'이라는 철학을 가지고, 대한민국이, 태어난 환경에 따라 기회와 꿈이 제한되지 않으며, 모두가 자신의 의지와 노력에 따라 뜻하는 바를 이루면서 행복하게 살아갈 수 있고, 이 땅에서 사는 사람이라면 누구든지 필요에 따라 국가의 보호를 받을 수 있으며, 이 사회의 가장 낮은 곳에서 사는 사람들도 인간답게 살 수 있는, 그런 나라가 되도록 모든 능력과 노력을 다한다."

고등학교 2학년 때 주저리주저리 어설프게 쓴 내 인생 강령이다. 10대 시절을 살아가면서 내게 가치와 행복을 가져다준 것들을 모아 적은 내 꿈! 앞으로 어떻게 바뀌어 갈지 모르지만, 아직까지는 변하지 않았다.

"꿈이 참 기네."

사람들이 말한다. 하지만 주머니에 늘 들어 있는 이 강령이 적힌 종이는 결정하기 어려운 문제를 마주할 때마다 길을 가르쳐준다.

내 인생강령을 보면 사회적 약자들도 행복할 수 있도록 돕고 사는 것이 나에겐 중요하다는 사실을 알 수 있다. 그렇다면 그 꿈을 이루기 위해 나는 어떤 직업을 선택할 수 있을까? 시민단체 활동가, 인권변호사, 구호활동가, 자선사업가 등 많다. 돈을 많이 벌어 풍요롭게 사는 것 또는 사랑하는 사람을 만나 소박하지만 아름답게 살아가는 게 꿈이라면 직업의 범위는 훨씬 더 넓어진다. 선호도에 따라 우선순위를 정하기만 하면 된다.

이처럼 직업은 꿈을 이루기 위한 수단일 뿐, 꿈의 종착지가 아니다. 직업을 꿈으로 정했다면 수단과 꿈을 혼동하고 있는 건 아닌지 생각해 보아야 한다. 대학과 학과, 고등학교도 마찬가지다. 꿈을 찾기 어려운 환경이 문제이긴 하나 대학과 학과를 정할 때도 꿈을 먼저 찾고, 그 다음 꿈에 맞는 직업을 정하고, 그러고 나서 대학과 학과를 고민하는 게 맞다.

꿈에 걸맞은 수단들(직업, 학교, 전공 등)은 이처럼 위에서부터 줄기를 타고 내려오면서 정해져야 한다. 하지만 우리 10대들은 거꾸로 올라간다. 중학생 때는 남들이 좋다는 고등학교에 가려 하고, 고등학생이 되면 남들이 좋다는 대학에 들어가려 코피를 쏟는다. 대학생이 되어서는 남들이 좋다는 회사나 직업을 찾아 올인한다. 그러다 하나만 삐끗하면 낙심한다. SKY가 꿈인 친구는 SKY에 탈락하는 순간 스스로를 패배자로 만든다. 어떤 사람이 되고 싶은지 알지 못한 채 코앞에 닥친 길에만 매달려 살다 보니 겪게 되는 일이다.

꿈을 가진 사람은 비행기를 놓치면 기차, 기차를 놓치면 차, 차를 놓치면 걸어서라도 목적지에 도달한다. 하지만 처음부터 정확한 목적지 없이 그냥 비행기 한번 타보는 게 꿈이었던 사람은 비행기를 놓치는 순간 삶의 의미를 잃어버린다.

SKY를 고집하기 전에 먼저 생각해 보자.

'나는 어떤 학교, 어떤 직업이 아닌, 어떤 삶을 살고 싶은가?'

꿈을 물으면 망설이는 10대들도 많다.

"꿈요? 모르겠는데요."

원하는 일, 가치 있는 일을 하면서 살아야 행복한 삶을 살 수 있는데, 내가 원하는 게 뭔지를 모른다. 그 틈을 탄 어른들은 무엇이든 꿈을 이루려면 무조건 좋은 대학을 나와 좋은 직업을 가져야 한다고 꼬드긴다. 공부를 잘해야 한다며 다그친다. 꿈을 찾는 여행과는 거리가 멀다는 걸 알면서도 아랑곳하지 않는다.

그럼 우리는 어떻게 해야 꿈을 찾을 수 있을까?

내가 원하는 삶을 찾는 데 다양한 인물들의 삶을 들여다보는 것만큼 좋은 건 없다. 꼭 살아 있는 사람일 필요도 없다. 소설 속 인물, 영화 속 인물의 삶도 괜찮다. 허구든 실화든 책이나 드라마, 영화는 '등장인물들이 어떻게 살아가는지'를 보여주면서 관객이나 독자들에게 메시지를 남긴다. 보다가 읽다가 나도 저렇게 살고 싶다는 생각이 들면 마음속에 담아 놓자.

나에게도 꿈을 찾는 데 영향을 준 작품들이 있다. 애니메이션으로 〈카〉, 영화로 〈세 얼간이〉, 〈패치 아담스〉, 〈죽은 시인의 사회〉, 〈패밀리 맨〉, 〈굿 윌 헌팅〉, 〈변호인〉, 〈광해〉 등이 있고, 책으로는 《사람은 무엇으로 사는가》, 《난쟁이가 쏘아 올린 작은 공》, 《러셀 자서전》 등이 있다.

또 꿈은 우연히 찾아질 때도 있다. 누군가의 행동이나 친구 입에서 나온 말 한마디 속에서, TV 채널을 돌리다 듣게 된 드라마 속 탤런트의 말에서도 꿈은 번뜩 다가온다. 그러니 공부 외에 영화도 보고, 취미활동도 하고, 멍하니 생각에 잠길 여유도 가지는 게 좋다.

많은 걸 해보는 것도 꿈을 찾는 좋은 방법이다. '아, 정말 멋지게 사는구나.', '저렇게 살아야 하는데'라는 생각이 들면 바로 실천으로 옮겨 봐야 한다. 막상 해보면 별로일 때도 많기 때문이다. 사람들은 춤추고 노래하기를 좋아하지만, 모두가 삶 전체를 쏟아부을 만큼 춤과 노래에 보람과 즐거움과 행복을 느끼지는 않는다. 춤이나 노래로 공연을 해본 사람들은 무대에 서기 전에 얼마나 고통스러운 과정을 거쳐야 하는지 안다. 같은 노래나 춤을 수십, 수백 번 이상 연습해야 무대에 설 수 있고, 그 과정은 꽤나 지겹고 힘들다는 걸 말이다.

단순히 좋아하는 것, 취미로 삼을 것과 내 일상이 되어도 괜찮을 만큼 좋은 것 중 어떤 게 꿈이 되어야 하는지는 분명하다. 하지만 가만히 있으면 알 수가 없다. 그러니 내가 살고 싶어 하는 삶이 내가 정말로 보람과 즐거움과 행복을 느끼는 삶인지 확인해 보아야 한다.

어떻게 살아야 할까? 내 꿈은 뭘까? 고민하고 찾으려 노력하자. 그리고 그 꿈처럼 한번 살아보자. 여러 개라면 더 좋다. 다 해보자. 뭐가 더 나은지 비교할 필요도 없고, 오래 걸려도 괜찮다.

네 꿈을
의심해 본 적 있니?

"네가 뭘 원하는지 알아야 한다. …… 왜 의사가 되고
싶은가? 어떤 의사가 되고 싶은가? 우리(의대생)들이 지
금 생각할 질문은 그런 것들이다. 높은 성적이 어떤 의사
가 좋은 의사인지 가르쳐주지 않는다."

– 영화 〈패치 아담스〉 중에서

이제 스스로를 한번 되돌아보자. 어떻게 살아가고 있

는가? 행복의 길을 걸어가고 있을까?

철학자 라캉은 "사람은 타인의 욕망을 욕망한다."고 말했다. 가치관이 확립되지 않은 어린 시절, 우리는 타인의 꿈으로 나를 채운다. 판검사, 의사가 좋다니 판검사나 의사가 되려 하고, 서울대를 가면 박수 치니 서울대를 가려 한다. 자연스러운 일이다.

문제는 일정 시기가 되면 나의 가치관을 형성하고, 부모를 비롯한 남의 욕망과 내 꿈을 분리할 수 있어야 하는데, 유독 한국의 10대들에게는 이 분리가 잘 일어나지 않는다는 점이다. 내가 서울대 의대를 가고 싶은데, 그것이 정말 내 꿈인지 아니면 남들이 다 좋다고 하니 가고 싶은 것인지 헷갈린다. 그렇게 남의 욕망을 자기 꿈으로 착각하면서 20대를 지나 30대를 살고, 심지어는 평생을 산다. 내가 언제 행복한 사람인지를 모른 채 어른이 된다.

드라마 〈SKY 캐슬〉 속 강준상이 그랬다. 서울대 의대를 나와 대학병원 의사에, 센터장에, 병원장까지 앞두고 있었지만 그는 결국 무너지고 말았다.

"강준상이 없잖아! 내가 누군지 모르겠다고! 허깨비가 된 것 같다고, 내가! 어머니 뜻대로 분칠하시는 바람에 제 얼굴이 어떻게 생겨 먹었는지도 모르고 근 50 평생을 살아왔잖아요! 언제까지 껍데기만 포장하며 사실 건데요? 언제까지 남들 시선에 매달리며 사실 거냐고요?"

그는 자신의 인생이 아니라 부모의 인생을 살아왔음을 쉰 살이 되어서야 깨닫고 후회했다. 이게 우리들의 10대가 불행한 가장 근본적인 이유다. 자사고를 가고, 서울대를 가도 기쁨은 잠시, 곧 공허해지고 허무해지는 이유다. 하루빨리 남들의 시선에서 벗어나 자신의 삶을 살아야 한다.

"넌 왜 국제중에 가려고 하니?"

국제중에 도전할 때 그 누구도, 어떤 어른도 어린 내게 이렇게 묻지 않았다. 그때 누군가 나에게 그 질문을 해주었더라면 어땠을까? 왜 어른들은 아무 생각 없이 열심히만 하던 내게 그 질문을 하지 않았을까?

특목고를 가고 싶다거나, 서울대를 가고 싶다거나, 의사가 되고 싶다면 '왜 그것을 원하는지' 스스로에게 물어야 한다. 왜 의사가 되고 싶은지, 진심으로 의사로서의 삶을 원하는지, 내 꿈이 아닌 남들의 시선을 좇고 있는 것은 아닌지, 꼭 서울대 의대여야만 하는지, 어떤 의사가 되고 싶은지 질문해야 한다.

스스로 결정하자!

자신이 뭘 원하는지 알고 싶다면 먼저 부모님에게서 '독립'해야 한다. 가출하라는 게 아니라 스스로 판단하고 실천하는 힘을 길러야 한다는 뜻이다.

나는 전국청소년정치외교연합 활동을 하면서 전국 회장에 출마할 때도 부모님께 허락을 구하지 않았다. 그냥 그런 걸 하고 있다며 나중에 말씀드렸다. 고 노회찬 의원이나 당시 문재인 새정치민주연합 공동대표 등 정치외교 분야의 유명인들을 만나 인터뷰할 때도 마찬가지였다.

대학에서도 그랬다. 많은 일을 혼자 판단하고 결정했

다. 뉴욕주립대에서 브리검영대학(BYU)으로 옮길 때도, 케임브리지와 서울대학교로 방문학생을 오갈 때도 부모님께 허락을 구한 적이 없다. '이런 생각을 하고 있고, 이렇게 할 것'임을 알려드렸을 뿐이다. 어려서부터 내 의견을 존중해 준 부모님이기에 가능한 일이기도 했지만, 내 일만큼은 스스로 판단하고 결정하고 싶었다.

그렇더라도 조언은 귀담아들어야 한다. 부모님 조언이라면 더욱 귀를 쫑긋 세워야 한다. 하지만 그 조언을 따를지 말지는 자신이 결정해야 한다. 그래야만 10대 때도, 그 이후에도 내 삶을 살 수 있다. 자꾸 해보자.

하고 싶으면 즉시 하자!

하고 싶은 일은 '즉시' 실천에 옮기자. '공부해야 되는데……' 하며 우물쭈물하다가는 좋아하는 일을 평생 한 번도 못 해보게 될지 모른다. 아니, 자기가 무엇을 좋아하는지조차 모를 수도 있다.

고등학생 때, 집회를 보러 가고 싶다고 생각한 적이 있다. 사람들은 왜 집회를 하는지, 거기에는 어떤 사람들이 오는지 궁금했다. 그러던 어느 토요일 아침, 신문에 오후에 서울광장에서 철도민영화를 반대하는 대규모 집회가 열린다는 기사를 보았다. 5초 정도 고민하다 친구한테 말했다.

"나, 지금 광화문 갈 거야. 선생님이 찾으면 알아서 잘 말해 줘."

"엥? 거긴 서울이잖아!"

"맞아! 갔다 올게."

그 길로 나는 충남 공주의 학교를 빠져나왔다.

전국청소년정치외교연합 회장이 되어 한·중·일 청소년 국제포럼을 열어보자는 생각이 들었을 때도 그랬다. 머릿속에 떠오르자마자 컴퓨터실로 가서 기획안을 만들었다. 친구들과 의논해 조금 다듬은 다음 그 자리에서 하버드 아시아 리더십 센터에 도움을 요청하고 유네스코 한국위원회 청년분과에 기획안을 보냈다. 그러고는 약속에 맞춰 유네스코 한국위원회 사무실로 찾아갔다. 가진 거라곤 달랑 기획안 하나뿐이었지만, 당당하게 말했다.

"후원자 명단에 유네스코 한국위원회를 쓸 수 있게 해 주시고, 유네스코 평화센터를 행사 장소로 무료로 제공해 주셨으면 좋겠습니다."

유네스코 한국위원회의 반응을 보고 하버드 아시아 리더십 센터도 후원할지 말지를 결정하기로 한 상황에서 하버드도 이미 후원을 확정했다며 뻥까지 쳤다. 그리고 나와 친구들은 고등학생 신분으로 유네스코 한국위원회와의 협상에 성공했다.

실패할지도 모른다. 하지만 그래 봐야 밑질 것도 없지 않은가! 즉시 도전하며 내 삶을 살자!

노회찬,
문재인을 만난 이유

"꿈을 찾긴 했는데, 뭘 어떻게 해야 할지 모르겠어요."

하고 싶은 걸 찾았다 해도 어떻게 해야 할지 몰라 막막할 때가 있다. 그럴 때는 만나보자. 이미 내가 원하는 삶을 살고 있는 사람을!

나와 내 친구들은 고등학생 때 정말 많은 사람을 만나고 다녔다. 정치외교 분야 인사들이 특히 많았는데, 당시 삼성 X파일 공개로 의원직을 박탈당한 고 노회찬 의원,

새정치민주연합 공동대표였던 문재인 대통령, 〈썰전〉에 출연하던 정치평론가 이철희 의원, 안철수 새정치민주연합 공동대표, 윤여준 전 장관 등 "정말 그 사람을 만났다고?"라며 놀랄 만한 사람들도 여럿 있었다.

정치외교학을 희망하던 나와 몇몇 친구들은 "(지금까지도 정치는 청소년들에게 금기시되는 분위기가 있지만) 정치라는 금기의 영역을 과감하게 깨보자."며 되레 당당하게, 공개적으로 그분들을 만나고 다녔다.

만나서는 의도적으로 불편한 질문들을 던졌다. 솔직한 대화를 위해서이기도 했지만, 그런 질문을 받았을 때 정치인들이 어떻게 반응하는지 확인하고 싶었다. 불편한 질문에 대응하는 태도가 매우 중요하다고 생각했기 때문이다.

"제가 알아본 해외 정당들과 우리나라 정당들을 비교해 보면 아무리 봐도 민주당은 보수당인 것 같거든요. 실제 우리나라 학자들도 우리나라 정당구조는 보수 대 진보가 아니라 강경 보수(당시 새누리당) 대 온건 보수(민주당)의 구도라고 하고요. 그런데 왜 민주당은 진보라는 간

판을 걸고 표를 얻죠?"

어쩌면 당돌해 보이는 내 질문에 문재인 대통령이 대답했다.

"내가 뉴질랜드에 갔을 때, 한국에서 이민 간 멜리사 리라는 재선 하원의원을 만났습니다. 뉴질랜드는 지금 국민당이 여당이고 노동당이 야당입니다. 멜리사 리는 국민당 소속 의원인데, 이분이 내게 하는 말이 '보수, 진보라는 스펙트럼을 놓고 본다면 뉴질랜드 노동당이 가장 왼쪽에 있고, 그 오른쪽엔 뉴질랜드 여당인 국민당이 있는데, 한국의 야당인 우리 새정치민주연합은 그보다 더 오른쪽에 있다.'는 거예요. 이런 새정치민주연합이 한국에서는 종북좌파로 공격을 받는 게 본인에게는 너무 신기하게 보이고 이해되지 않는다는 겁니다. 한국은 지금 아주 극우적인 보수가 헤게모니를 잡고 있기 때문에 정치지형이 왜곡되어 보이는 것이죠. 이게 우리 정치의 비극입니다. 합리적 보수, 진정한 보수가 헤게모니를 잡아야 됩니다. 그리고 보다 온건하고 유연하고 합리적인 진보가 주도권을 잡고 이들과 맞대결하는 구도가 가장 이상적이라고 할 수 있습니다."

당시 문재인 대표는 "저도 민주당이 보수당이라고 생각해요. 그리고 우리는 진정한 보수로서 성공해야 합니다."라고 말해 나를 당황스럽게 만들었다. 그리고 그 답변은 정치학을 전공하려던 내가 우리나라 정당구조를 더욱 객관적으로 바라보는 계기가 되었다.

자신의 꿈과 연결된 분야에서 전문가와의 만남은 이처럼 관심 분야 탐구는 물론, 꿈꾸는 일과 관련된 현실 환경을 경험하면서 세상을 바라보는 또 다른 시각을 얻는 기회가 되기도 한다.

이런 이야기를 하면 꼭 이렇게 묻는 사람이 있다.

"진짜 만나줘요?"

만나준다. 자신감을 장착하고 만나고 싶은 사람에게 연락해 보라. 바쁘거나 그런 만남을 즐기지 않아 못 만날 수도 있지만, 대부분은 자기의 이야기를 나누길 좋아한다. 만나고 싶다고 연락한 상대가 꿈을 찾아다니는 10대라면 더욱 그렇다.

한번은 중학교 후배가 판사가 되고 싶은데 확신이 안서고, 능력이 있는지도 모르겠으며, 판사가 되어도 하고 싶은 분야를 담당할 수 있는지도 알 수 없어 어떻게 해야 할지 모르겠다는 고민을 털어놓은 적이 있었다.

내가 물었다.

"너 혹시 좋아하는 판사 있어?"

"천종호 판사라고 아세요?《아니야, 우리가 미안하다》라는 책 쓴……."

"그럼 그분을 한번 만나봐."

"그분을 만나라고요?"

"만나서 직접 물어봐. 지금 고민하는 것들……."

"아니, 어떻게 연락을 해요?"

"법원 사이트 들어가서 찾아보면 그분이 어느 법원 소속인지 나올 거 아냐. 그럼 사무실도 찾을 수 있고. 전화든 이메일이든 연락처만 있으면 '저, 판사가 되고 싶은 어느 고등학교 학생인데, 이런저런 이유로 판사님 만나 뵙고 궁금한 점에 대해 말씀 듣고 싶습니다. 혹시 한번 가능한지 알려주실 수 있나요?' 하고 물어보면 되지."

"그러면 정말 만나줄까요?"

"못 만나도 네가 손해 보는 건 없잖아."

후배는 연락을 취했고, 천종호 판사님을 만났다. 그러고 나서 판사라는 꿈에 확신이 섰다고 했다.

그게 정말 되느냐고? 행동에 옮기기만 하면 된다!

사람들을 만나 이야기를 나누는 경험을 하면서 나는 일상에서 스치는 다양한 사람들과도 자연스럽게 대화를 나눌 수 있게 되었다. 또 듣는 일도 즐기기 시작했는데, 대형 프랜차이즈 제과점에서 빵을 사 먹다가 사장님이 한가해 보이길래 말을 걸었을 때는, 빵집 위치조차도 대리점 마음대로 하는 게 아니라 본사에서 유동인구 등을 조사해 승인이 나야 할 수 있다는 사실, 본사에서 불시에 나와 빵이 몇 cm인지 자로 재면서 점검한다는 사실, 본사에 교육비 등의 명목으로 일정 비용을 낸다는 사실 등을 알게 되었다.

여행을 다닐 때도 마찬가지다. 기차나 버스나 비행기에서 옆자리에 앉은 사람, 길을 물어보다 말을 붙이게 된 사람들과 이야기를 나눈다.

"제가 각 나라 사회가 어떻게 돌아가는지에 관심이 많아서 그런데 몇 가지 좀 물어봐도 될까요? 물론, 답하기 곤란하면 안 해주셔도 되고요."라면서 말을 걸면 대부분 "아, 괜찮아요. 물어보세요."라고 대답한다.

이렇게 시작한 대화로 바르셀로나에서는 관광객이 붐비는 여름이 되면 집주인들이 세입자들을 내쫓고 그 방을 에어비앤비에 내놓기 때문에 월세 사는 주민들이 갈 곳이 없어진다는 걸 알았다. 또 프랑스 남부의 소도시에서 파리로 향하는 기차 안에선 프랑스 역시 취업을 위해 청년들이 고향을 등지고 파리로 모이며, 결혼을 걱정한다는 것도 알았다.

꿈을 찾긴 했지만 어떻게 그 꿈에 다가가야 할지 막막하게 느껴진다면, 이미 내가 그리는 삶을 살고 있는 사람들과 이야기를 나눠보자. 그가 유명 정치인이든, 동네 빵집 사장님이든, 옆집 아저씨든 할 것 없이!

나를 망가뜨리지 않는 공부법

"SKY만 가면 하고 싶은 거 다 할 수 있으니까 지금은 참고 공부만 해!"

수많은 10대들이 이 말에 속아 '일단' 공부를 했고 대학을 갔다. 그리고 뒤통수를 맞았다. 그렇게 SKY를 간다 해도 대학에 가서 할 수 있는 일이라곤 돈 모아 해외여행 가서 인스타에 사진을 올리는 것, 그 순간 '난 자유롭고 행복해.'라고 스스로 믿으며, 그 믿음을 '좋아요' 수로 인정받는 것뿐이다. 어른들의 말처럼 행복해지지 않는다.

꿈을 찾는 과정에서 하고 싶은 게 있다면 참지 말고 해야 한다. 꿈에 더 가까이 다가가게 만드는 건 지금 이 순간 내 심장이 뛰는 일을 하는 것이다. 그게 후회 없는 10대를 사는 길이다.

영화 〈패치 아담스〉 속 주인공 패치는 의사 면허를 받기 전 의대를 다니면서 가난한 사람들을 위한 무료 진료소를 세운다. 그러고는 단순히 환자들의 병만을 치료하는 게 아니라, 삶의 질을 향상시켜 사람들에게 행복을 주겠다는 꿈을 실천한다. 영화 〈죽은 시인의 사회〉에서 공부에만 매달려 살던 닐 페리는 자신이 정말 원하던 연극부에 들어갔다가 살면서 처음으로 가슴 뛰는 행복을 만난다.

영화감독이 꿈이었던 내 고등학교 동기는 친구들이 자습할 때 짬짬이 시간을 내어 영화 한 편을 만들었다. 그 시간은 우리를 너무나도 재미있고 행복하게 해주었다. 〈혹성탈출〉과 〈엣지 오브 투모로우〉에서 발상을 따와 만든 그 패러디 영화는 러닝타임이 1시간 20분이나 되는데다 스케일도 웅장했다. 서울대 국문과를 간 그 친구의 꿈이 이후에도 바뀌지 않는다면, 고2 때 만든 그 코미디 영화는 그가 훌륭한 영화감독으로 성장하는 데 있어 서울대라는 타이틀보다 더 큰 도움을 주리라 확신한다.

하지만 모든 날, 모든 순간을 심장 뛰는 일만 하며 살 수는 없다. 또 꿈을 위해서라도 10대 시절 공부는 피할 수 없는 현실이다. 내 꿈과 10대 인생을 해치지 않으려면 우리는 이 녀석을 어떻게 해야 할까?

필요한 만큼 하자!

공부는 만능키가 아니다. 그렇게 생각하면 학업 스트레스에 시달릴 수밖에 없다. 솔직히 말해, 나는 꿈을 찾기 전엔 절대로 '치열하게' 공부하지 말았으면 한다. 어떤 과목이 흥미를 끈다면 모를까 (그런 공부는 꿈을 찾는 과정이 될 수도 있으니까!) 그저 대학 진학만을 위한 공부는 오지선다형 답 고르는 것밖에 할 줄 모르는 사람이 되기 십상이다. 특목고, 서울대 나온다고 모두 좋은 사람이 되는 게 아니다. 나쁜 사람들도 많다.

"21세기에 오지선다형 시험으로 대학을 갈 순 없다."

선언한 나에게 수능에서 필요한 만큼의 공부는 수시에 합격하기 위한 최저등급 확보였다. 그 정도는 맞출 수 있다는 확신이 선 날부터 수능 전날까지 읽고 싶은 책은 손에서 놓지 않았다. (확신이 든다고 시험 전날까지도 책을 읽는 건 그다지 현명한 생각은 아니다.) 결과적으로 아슬아슬하긴 했지만, 수능에서는 딱 그 최저등급만큼을 받았다.

반대로 말하면, 필요한 만큼은 반드시 공부해야 한다. 선생님이 되어 아이들을 바르게 이끌고 싶다는 꿈이 있다면 교대나 사범대에 합격할 만큼은 공부해야 한다. 병을 고쳐 환자들을 행복하게 해주는 의사가 되고 싶다면 의대에 갈 수 있을 만큼 열심히 공부해야 한다. 나는 딱 필요한 만큼만 공부하면서 학업 스트레스로부터 조금은 벗어날 수 있었는데, 그것은 반대로 나에게 꼭 필요한 만큼은 공부할 수 있게 해주는 원동력이기도 했다.

그런데 만약 지금 내가 하고 싶은 게 공부를 거의 못할 만큼의 시간과 노력이 필요한 일이라면 어떻게 해야 할까? 내 주변에는 이런 친구들이 많다. 특히, 창업을 고민하거나 과학기술 분야를 공부하는 친구들에게 자주 이런 고민이 나타난다.

그럴 때는 '공부와 그 일 중 어떤 게 지금 아니면 할 수 없는 것인지' 생각해 보자. 일을 선택하고 공부를 놓는다고 해서 걱정할 필요 없다. 내가 만난 사람들 중에는 공부를 잠시 접고 다른 도전을 하는 이들도 많았다. 약간의 부침을 겪긴 하지만, 그들은 대부분 멋지게 원하는 삶을 살아가고 있으며, 몇몇은 필요하다고 생각할 때 다시 공부해 대학에 들어가기도 했다. 3수, 4수를 한다고 해서 인생을 망치는 게 아니다.

나도 한·중·일 청소년 국제포럼을 준비할 때 많은 고민을 했다. 시간과 노력이 드는 일이었으니 공부에 대한 걱정을 안 했다면 거짓말이다. 그때 '공부와 내 심장을 뛰게 만드는 일 중 무엇이 지금 아니면 다시는 하지 못할 일인가?'라는 질문을 한 후 한·중·일 청소년 국제포럼을 선택했다. 재수를 하게 되는 한이 있더라도 꿈에 도전해 보기로 한 것이다. 그리고 지금도 후회하지 않는다.

제대로 해보자!

내가 하고 싶은 일, 즉 꿈을 위해 어느 만큼 공부를 해야 하는지 계산이 나왔다면, 그에 따라 치밀하게 계획을 세우고 그 시간만큼은 공부에 몰입해야 한다. 책상에 앉아 5분마다 한 번씩 핸드폰 쳐다보면서 어떻게 공부해야 하는지, 무슨 문제집을 사야 좋은지 검색하며 시간만 낭비하는 친구들이 있다. 그러지 말자.

어떻게 공부해야 할지 모르겠다면 나보다 공부 잘하는 주변 친구들에게 물어보자. 유튜브 속 멘토들보다 같은 공간에서 수업을 들으며 공부하는 친구가 훨씬 큰 도움이 된다. 그러다 더 좋은 성적이 필요하면 더 잘하는 친구나 선생님께 물어보자. 공부 관련 책을 읽고 내게 맞는 공부법을 찾아보는 것도 좋다.

질문하고 발표하자!

미국과 영국의 대학과 서울대를 다니며 한국 학생들이

유독 입 열기를 두려워한다는 걸 알았다. 몰라도 말하지 않고, 알아도 말하지 않는다.

비단 질문과 발표에서만 그런 게 아니다. 서울대에서는 처음 보는 사람에게 말을 걸었다가 '도대체 얜 뭐 하는 애지.'라는 눈빛을 받고 당황한 적이 한두 번이 아니다. 입을 여는 훈련을 받기보다 조용히, 가만히 있는 게 미덕이라고 배워 왔으니 그럴 만도 하다.

고등학교나 대학이나 마찬가지다. 부끄러워하지 말고 손을 들고 묻고 대답하자. 질문은 그 수업을 소유하는 행위다. (그래서 난 개인적으로 학비가 비싸면 비쌀수록 더 많이 질문해야 한다고 생각한다.) 그리고 수업시간뿐만 아니라 쉬는 시간 등 친구들과 수다를 떨 때도 수업시간에 나온 주제로 이야기를 나눠보자. 그런 대화가 실제 시험이나 일상생활에 도움이 되기도 하며, 학교 공부보다 더 유용할 때도 있다. 이렇게 사람들과 말로 풀면서 하는 공부는 가장 오래 기억에 남는, 학습효과가 제일 좋은 공부법이다. 유행하는 '하브루타 학습법'도 간단히 말하면 서로 질문하고 토론하고 발표하면서 익히는 것이다.

공부에서도 재미를 찾자!

우리가 배우는 과목에는 생각보다 재미있는 내용이 많다. 다만, 명문대에 갈 아이들을 성적순으로 선별해 줄을 세움으로써 공부를 힘들고 짜증 나게 만들었을 뿐이다.

국어를 예로 들면, '시(詩)'가 그렇다. 선생님이 시키는 대로 단어 하나하나마다 상징하는 게 무엇인지 밑줄만 긋지 말고, 때때로 천천히 음미하면서 읽어보자. 나름의 매력과 재미를 느낄 수 있다. 그런 시간들을 통해 나는 처음으로 시로 감정을 느끼고, 살면서 어떤 영감을 받거나 감정이 생길 때 그걸 시로 표현하는 법을 배웠다. 문제집이나 참고서를 통해서는 알 수 없는 것들이다.

수학도 마찬가지다. 공식만 외우게 하고 왜 배우는지는 말해 주지 않지만, 인류 역사에 미분이 왜 필요했는지, 적분이 왜 필요했는지 한번 찾아보자. 다행히도 나에겐 미분, 적분이 어떤 필요에 의해 만들어졌는지 말씀해 주신 선생님이 계셨다. (그 선생님 덕분에 수학을 포기하지 않았다.) 이야기를 들으면서 그런 걸 생각해 낸 사람이 있다는 걸 알고 정말 놀랐다. 수학과 가까워지는 기분이었다. 경제학을 전공하고 있는 지금도 미적분을 할 때면 그 이야기가 선명하게 떠오른다.

흥미를 느끼는 과목이나 부분은 각자 다르다. 과목이 뭐든, 주제가 뭐든, 그것에서 재미를 찾아보자. 시간이 걸려도 괜찮다. 당장에 좋은 성적을 내지 못할 수도 있다. 그렇지만 지식을 사유하며 즐길 줄 알면 대학에 가서도, 그 후의 세상을 살아갈 때도 큰 힘이 된다.

할 수 있어도 하지 마!

"어디를 가는 것도, 사람을 만나는 것도 귀찮아!"

10대들은 학교 마치고 학원을 소화하느라 정작 밥은 소화할 시간이 없다. 책상에 엎드려 자는 시간이 많아 어린 나이에 허리도 아프다. 공부든, 꿈을 위한 도전이든 삶에서 여유를 잃어버리면 미래를 내다보기 어려운데, 10대들에게는 여유가 없다.

"행복을 위한 아빠의 비밀을 말씀해 주셨어. 거의 똑같이 하루를 다시 살아보라고 말씀하셨지. 처음에는 긴장과 걱정 때문에 볼 수 없던 세상의 아름다움을 두 번 째에서는 느끼면서 말이야."

〈어바웃 타임〉이란 영화에 나오는 말이다.

세상을 발전시켜 온 창의적인 아이디어들은 여유에서 나왔다. 하지만 우리의 10대들은 여유는커녕 조바심에 노심초사하며 살아간다. 시험을 못 봐도, 원하는 학교에 떨어져도, 재수나 3수를 하면서 한참을 둘러가도, 꿈을 찾기까지나 꿈에 맞닿는 삶을 살기까지 오래 걸려도 괜찮다는 걸 어른들은 알면서도 말해 주지 않는다. 혹시라도 우리 아이가 공부를 안 하면 어쩌나 싶은 생각뿐이다.

그러는 가운데 조바심이라는 감정이 10대들의 마음을 지배한다. 남과의 비교와 무한경쟁에서 이기기 위해 시키는 모든 걸 하면서도 조급증에 빠진다. 공부하지 않으면, 남들 다 하는 걸 나만 하지 않으면, 놀면 불안하다.

시험을 치르기 전의 학생들 성향은 둘로 나뉜다. '못 보면 어떡해.'라며 안절부절못하는 쪽과 그 불안감에 시달리다 지쳐 아예 포기하는 쪽이다. 어느 쪽이든 대한민국 사회가 아이들에게 안겨 준 병이다. 그리고 '인재'라고 칭송받는 친구일수록 이런 병적 증상은 더 심하다.

수능을 보고 나서 재수를 하게 된 내 친구들은 한숨을 푹푹 쉬었다. 현역으로 대학에 가는 친구들은 그들을 안타까워했다. 하지만 채 몇 년이 지나지 않아 우리는 수능 몇 번 다시 본다고 실패자가 된 게 아님을, 한숨 쉴 이유가 전혀 없음을 깨달았다.

재수한다는 사실이 창피하고, 뭔가 뒤처진 것만 같아 불안하고 짜증이 나는 건 맞다. 하지만 현역으로 원하는 대학을 간다고 인생이 술술 풀리는 것도 아니다. 서울대를 가도 뭘 할지 모르면 별로 행복하지 않다. 재수, 3수가 중요한 게 아니다. 내가 언제 행복한 사람인지를 찾고, 그 꿈을 사는 게 중요하다. 조급해하지 않아도 된다.

서울대 의대 출신 의사라는 껍데기를 원하는 게 아니라 영화 〈패치 아담스〉 속 주인공처럼 훌륭한 의사가 되고 싶다면 재수, 3수, 4수, 5수를 해서라도 의대를 가야한다. 꿈이라면 그럴 만한 가치가 있다. 몇 년 돌아간다고 해서 인생이 무너지지 않는다.

중간고사나 기말고사를 망치는 것, 남들 공부할 때 좀

노는 것, 아무것도 아니다. 각자의 페이스대로 꿈을 찾아 하고 싶은 일을 하면서 살아가면 된다. 조바심을 버리고 하루하루를 즐기자. 〈어바웃 타임〉 속 주인공 아빠의 말처럼 긴장과 걱정을 떨치고 일상 속에서 일어나는 아름다움을 느끼면서!

할 수 있어도 하지 마!

《피로 사회》라는 책에는 "현대 사회는 무한정한 '할 수 있음'이 지배한다."는 말이 나온다. 사람들은 자신에게도 꾸준히 성과를 내야 한다고 채찍질한다. 10대도 예외가 아니다. 무한경쟁 속에서 불안한 마음에 해야 할 일들을 무한히 찾으며 끊임없이 뭔가를 성취하려 한다.

내신과 수능성적은 1등이 되기 전까지는 다 이룬 게 아니며, 경시대회도 나가야 하고, 올림피아드도 나가야 한다. 소논문도 하나는 써야 하고, 학술동아리 하나에 자기계발 또는 취미 동아리도 하는 게 좋다. 책도 1년에 50권은 읽어야 하고, 온갖 체험학습에도 빠지지 않는다. 하려고 하면 끝이 없다. 피곤하다. 다람쥐 쳇바퀴 돌듯 살아가는 이런 삶 속에서 우리의 행복을 지키기 위해서는 할 수 있지만 하지 않는 용기가 필요하다.

할 수 있지도 하지 말자! 가끔은 멍하니 그냥 있어 보자. 문제집을 풀 수 있어도 풀지 말자. '의식의 흐름'에 따라 잡다한 생각을 하면서 쉬어보자.

고3 때도 나는 일요일에는 공부를 안 했다. 할 수 있었으나 그날만큼은 쉬었다. 책 읽고, 멍 때리고, 생각하면서 놀았다. 학교 뒷산에 올라가면 눈앞에 차령산맥이 쫙 펼쳐졌는데, 오전 내내 자고 일어나면 오후엔 그곳으로 올라갔다. 책 읽다가, 경치 보다가, 누워서 하늘 보다가, 또 낮잠을 잤다. 내 삶에 숨을 불어넣는 시간이었다.

공부 중에도 중간중간 '즐거움樂'이 있어야 한다. 나에겐 매일 아침 별생각 없이 신문을 보는 일, 야자 때 복도에서 친구들이랑 떠드는 일, 저녁에 축구나 헬스를 하는 일 등이 그랬다. '컬투쇼 베스트 사연'을 듣는 일은 그 중 가장 큰 즐거움이었다. 친구들은 자습시간에 이어폰을 낀 채 배를 쥐고 애써 웃음을 참는 내 모습을 미친놈 보듯 쳐다보곤 했다.

일탈(?)도 자주 했다. 감시망을 피해 학교를 빠져나가 영화를 보고 오기도 했고, 야자시간에 친구들이랑 치킨을 시켜 사감 선생님한테 들킬까 봐 캄캄한 축구장 한가운데 누워서 먹기도 했다.

그랬음에도 지금 자기가 원해서 댄스 학원을 다니는 동생이 부럽다. 공부에 빠져 산 시간이 긴 나보다 훨씬 멋져 보인다. 살다 보면 가끔 남들 앞에서 없는 장기를 선보여야 할 때가 있는데, 그때마다 동생처럼 어렸을 때 춤을 조금이라도 익혀놓았으면 얼마나 좋았을까 생각한다. 유학을 가면 더 그렇다.

여유를 누리려면 꿈을 찾고, 매일매일 그 꿈을 이루며 살아야 한다. 그런다고 더 바빠지는 것도 아니다. 꿈을 이루며 사는 하루하루는 여유가 넘치고 만족스럽다. 앞서도 말했듯 내 꿈은 "내가 삶으로 인해 단 한 사람의 인생이라도 더 행복해지는 세상을 만드는 것"이다. 수능을 치르고 난 다음 중학교 후배들에게 무료 과외를 한것도, 군 복무 중 악폐습을 없애기 위해 목소리를 낸 것도 그래서다. 꿈을 이루는 그 순간 난 여유롭고 행복해진다.

지금의 나를 인정해!

한국 사회는 남과 비교해 자기 가치를 매긴다. 옆 사람보다 경제적으로, 사회에서의 지위로, 다니는 학교로 비교해 조금이라도 더 나으면 우월한 사람이 되고, 남보다 버는 돈이 적거나, 지위가 낮거나, 가방끈이 짧으면 열등한 사람이 된다. 그 비교에서 자유로운 사람, 있는 그대로의 자기를 인정하는 사람을 찾아보기 힘들다. 10대들도 마찬가지다.

우월감의 지배를 받는 사람은 열등감에서도 벗어나기

어렵다. 우월감과 열등감은 서로 등을 맞댄 채 착 달라붙어 있는 감정이기 때문이다. 자기보다 못났다고 생각되는 사람 앞에서는 우쭐하다가도 자기보다 조금이라도 잘난 사람을 만나면 쪼그라든다.

흔히 말하는 우리나라 대학의 서열이다. 윗줄의 대학을 다니면 아랫줄 학교에 다니는 친구 앞에서는 목을 빳빳이 세우지만, 더 윗줄의 학교에 다니는 친구를 만나는

순간 위축된다.

고등학생도 마찬가지다. 외고에 다니면 일반고 학생 앞에서는 목소리가 커지지만, 자기 학교보다 입학 성적이 더 '높은' 특목고 학생 앞에 서면 작아진다. 그 누구도 공식적으로 말하지 않는, 그러나 누구나 알고 있는 고교 서열에 맞춰 행동한다. 이 순위는 매년 서울대 합격자 수 등을 바탕으로 언론이 친절하게 매겨준다. 우리는 이렇게 어릴 때부터 남과 비교하며 우열에 따라 행동하는 법을 자연스럽게 배운다.

어른들은 더 재빠르다. 명함을 주고받는 순간 서로 '주제 파악'을 한다. 손에 쥔 명함을 보고 '낮음'을 인지하면 고개를 깊이 숙여 깍듯이 인사하고, '높음'을 알게 되면 고개를 덜 숙이며 자상하게 인사한다. 그것도 모자라 자식들의 높낮이로도 본인들의 우열을 가린다. 자식이 서울대를 다니면 그 아래 대학에 아이를 보낸 부모 앞에서는 어깨를 펴고 자랑스러운 부모가 된다. 다 너 잘되라고 하는 말이라지만, 공부 열심히 해 좋은 학교 가라고 들들 볶는 이유가 사실 반쯤은 여기에 있다.

이런 현상은 학력과 직위뿐만 아니라 생김새나 몸매

같은 외적 모습에도 적용된다. 나보다 잘생기거나, 키가 크거나, 몸매가 좋은 사람 앞에서는 왠지 자신감이 떨어진다.

한국 사회에는 유독 '지잡대'라느니 '오징어'라느니 하는, 남들과의 비교에서 열등한 상대를 비하하는 표현들이 많다. 심지어 10대, 20대 사이에서는 '나, 지잡대 다녀', '나, 완전 오징언데'하는 자조적 표현이 난무한다.

자기를 존중하지 못하고 끊임없이 남과 비교하며 우월해지기 위해 아등바등 사는 사람은 평생 행복해질 수 없다. 내가 아무리 대단한 사람이 되어도 나보다 조금 더 대단한 사람 앞에서는 패배자가 되기 때문이다. 우월감과 열등감을 버리고 자존감으로 살아야 한다.

자존감이 높은 사람은 상대의 학력이, 직책이, 외모가, 몸매가 나보다 좋든 나쁘든 비교하지 않고 나의 삶과 상대의 삶을 동등하게 존중한다. 자기보다 덜 좋은 대학을 나온 사람도 깔보지 않으며, 더 유명한 대학을 나온 사람 앞에서도 당당하다. 못생기고 뚱뚱한 사람을 만나도 비웃지 않으며, 예쁘거나 잘생긴 사람을 만나도 자신감을 잃지 않는다. 남의 실패를 비웃지 않고 위로하며, 남의 성공을 시기하지 않고 축하한다. 또 사람마다 각자 추구하는 삶을 각자의 방식으로 성취하면서 살면 된다는 것, 그것이 행복한 삶이라는 것, 남보다 우월하다고 행복하고 열등하다고 불행한 인생이 아니라는 것을 안다. 그래서 그냥 아무렇지 않다.

"실수한 어제의 나도 나입니다. 부족하고 실수하는 오늘의 나도 나입니다. 좀 더 현명해질 수 있는 내일의 나도 나일 것입니다. 나의 이런 실수와 잘못들이 모두 나이며, 내 삶의 별자리에서 가장 밝은 별무리입니다. 저는 오늘의 나든, 어제의 나든, 앞으로 되고 싶은 나든 가리지 않고 저 자신을 사랑하게 되었습니다."

방탄소년단이 UN에서 한 말이다.

남보다 열등한 '나', 우월한 '나'는 없으며, 실패한 순간에도, 성공한 순간에도 나는 그냥 떳떳한 '나'라고 했다. 어떤 학교에 다니는지, 얼마나 인기가 있는지, 얼마나 공부를 잘하는지와 별개로 우린 모두 소중하며, 그런 나를 인정해야 나를 사랑하게 된다는 뜻이다.

전교 1등이든 꼴찌든, 서울대를 다니게 되든 지잡대를 다니게 되든, 돈이 많든 없든 생겨 먹은 그대로의 '나'가 나라는 걸 인정하자. 성공한 나도, 실패한 나도 모두 나임을 인정하자. 그래야 꿈을 향해 꿋꿋이 나아갈 수 있고, 행복할 수 있다.

10대의 나를 소중히 생각지 않았던 사람이 20대의 나를, 30대와 40대의 나를 소중히 여기기는 어렵다. 좋은 대학, 좋은 직업을 갖기 위해 10대를 희생한 사람들은 40대, 50대를 위해 다시 20대, 30대를 희생하고, 60대와 70대를 위해 40대와 50대를 희생할 확률이 높다. 그러고는 죽기 직전에야 '일관되게 남이 정해 놓은 기준에 의해 인생을 살았음'을 깨달을지도 모른다.

매일 아침
거울 보고 칭찬해!

혜화역을 나오는데 한 무리의 사람들이 갑자기 갓난아
기 인형을 건네면서 다짜고짜 물었다.

"이 아기가 본인이라면 무슨 말을 할 것 같아요?"

당황스러웠다. 멀뚱멀뚱 쳐다보다 말했다.

"고놈, 참 잘생겼네."

그들은 웃으면서도 한편으론 놀랍다는 듯 쳐다보았다.

"와, 오늘 그렇게 말한 여섯 번째 사람이에요."

"네? 다른 사람들은 뭐라고 하는데요?"

"주로 '왜 이렇게 못생겼니?'라고 했어요."

갓난애한테 그렇게 말하리라고는 생각조차 못 했다.

대학생인 그들은 자존감과 관련해 조사하는 중이라고 했다. 허락을 얻고 조사를 지켜보았다. 예쁘다, 귀엽다고 하기보다 못생겼다고 말하는 사람들이 월등히 많았다.

'사람들이 많이 지나다니는 곳이라 겸손하게 대답하는 걸까?'

아무리 그렇다고 해도 이해가 되지 않았다.

나는 매일 아침 거울 앞에 서서 "와, 왜 이렇게 잘생겼지!"라고 말하며 감탄하곤 한다. 또 종종 "야, 난 왜 이렇게 못하는 게 없냐."라며 농담 섞어 말하기도 한다. 매일 아침 거울에 비친 자기를 보고 감탄하는 사람과 뭐 하나라도 마음에 안 드는 걸 찾아내면서 스스로 자신감을 잃는 사람 중 누가 더 행복할까?

칭찬에 인색한 우리는 자신에 대한 칭찬은 물론 남에 대한 칭찬도 잘 하지 않는다. 칭찬이라고 해도 속으로는 '와, 진짜 좋겠다!'는 부러움의 표현일 때가 많다. '칭찬하기'는 생각보다 어렵다. "사촌이 땅을 사면 배가 아프다." 는 속담처럼 가만히 있어도 배가 아픈데, 칭찬까지 하려니 스스로 못났음을 인정하는 꼴 같아 망설여진다. 그럼에도 칭찬하는 습관을 길러야 한다. 상대방의 장점과 나의 부족함을 온전히 인정하면서도 주눅 들지 않고 당당해지는 연습이기 때문이다. 그리고 무엇보다 칭찬은 함께 행복해지는 길이기도 하다.

내가 정말 하고 싶었지만 탈락한 동아리에 들어간 친구, 내가 떨어진 학교에 합격한 친구, 나보다 시험을 잘 본 친구, 나보다 표를 더 받아 반장이 된 친구, 외모를 멋지게 꾸미는 친구 등 나보다 잘한 친구를 인정하고 진심으로 칭찬하자. 그러다 보면 잘났든 못났든 당당해지며, 내 모습 그대로 우뚝 서는 힘이 생긴다.

실패에도 주눅 들지 않는 연습을 해야 한다. 그러려면 먼저 실패에 대한 바른 인식이 필요하다. 타율이 똑같은 야구선수들은 타격을 시도했을 때 안타를 칠 확률이 거의 비슷하다. 많이 치고 못 치고의 횟수 차이는 누가 더 타석에 많이 올라갔느냐의 차이에 달렸다. 우리는 마치

타율이 비슷한 야구선수들과 같다. 실패가 많다는 건 그만큼 많이 도전했다는 의미일 뿐이다.

전교 학생회장, 람사르총회 한국 청소년 대표, 세계호수회의 한국 청소년 대표, 2012 IAEC 국제교육도시연합 세계총회 시민홍보대사, 대한민국 인재상 수상 등 내 이력을 본 사람들은 어린 나이에 어떻게 그런 경력을 쌓을 수 있었느냐며 감탄한다. 이력에 적힌 것들보다 몇 배는 더 많은 '실패 리스트'가 있다는 사실은 모른 채.

중고등학생 시절 나는 '청소년 기자단 모집' 공고가 나오면 눈에 띄는 대로 지원했다. 수두룩하게 떨어졌다. 고등학교 졸업 전 쓴 글을 여러 출판사에 투고하기도 했다. 내가 친구들보다 좀 더 많은 활동을 할 수 있었던 건 이처럼 겁 없이 많은 시도를 했기 때문이다.

10번의 야구공 중에서 1~2번 쳐낸다면, 10번 성공한 친구는 80, 90번을 실패했다는 뜻이고, 1번 성공한 친구는 8, 9번 실패했다는 뜻이다. 아무리 화려한 경력을 자랑한다고 해도, 멀리 앞서가는 것처럼 보여도 별 것 아니다. 당당히 타석에 올라가 헛스윙을 하든 안타를 치든 방망이를 휘둘러보자.

네 목소리를 내야 해!

2018년 4월부터 8월까지 열렸던 대입제도 개편 공론화위원회에서는 두 의견이 격렬히 맞붙었다.

학부모들은 수능 위주 정시 확대를 주장했다. 자녀들을 관리하는 데 있어 학종보다 훨씬 편한 데다 성적 잘 나오게 해주는 학원에 보내 수능만 잘 보면 되기 때문이다.

반면, 정시 위주의 입시는 학생들이 학교를 다니는 내내 말 안 듣고 수능 공부만 할 게 뻔하다는 걸 아는 선생님들은 대부분 수시 확대를 주장했다. 수업을 무시하고 자습만 하게 만드는 제도를 반길 선생님은 없다.

그들은 각자 속한 위치에서 자신이 바라는 말들을 했지만, 정작 누구도 실제 학교를 다니는, 입시를 치러야 하는 10대들을 대변하지는 않았다. 내신도 수능도 지금의 상태로는 10대를 불행에서 구할 수 없다는 걸 알면서도…….

대입제도는 언제나 논란거리다. 지금까지도 그랬고 앞으로도 그럴 것이다. 그때마다 사람들은 수시, 정시 또는 당시에 대립하는 상황을 갖고 의미 없는 싸움을 할 것이다. 진짜 문제는 그게 아니라 어른들이 만들어 놓은, 지치고 힘들며 하기 싫은 경쟁을 해야만 하는 힘겨운 10대들의 세상인데, 그건 말하지 않는다. 어쩌면 일부러 피하는지도 모른다.

어찌 보면 어른들이 10대를 이해하지 못하는 건 당연하다. 그들이 살아온 대한민국은 그래도 노력하는 만큼은 살 수 있는 세상이었으니까! 고등학교만 나와도, 지방대를 나와도 먹고사는 데 무리가 없었고, 경제 발전에 따라 소득도 높아지는 게 선명히 눈에 보였으니까!

하지만 지금의 10대들, 청년들이 살아갈 대한민국은 그렇지 않다. 이미 선진국에 가까이 다가간 대한민국에서 태어난 우리에게 IMF 이후 고착화한 취업난과 과잉경쟁은 기본값이었다. 한번 비정규직으로 취직하면 평생 비정규직으로 남는 세상이고, SKY를 나와도 취업이 보장되지 않는다.참고14 2019년 기준으로 최저임금이 174만 원인데, 절반 가까운 청년들이 첫 일자리에서 150만 원을 받지 못한다.참고15 부모세대보다 못살 것이 확실시되는 첫 세대다.참고16 "돈도 실력이야. 네 부모를 원망해."란 말을 들었고, 불의한 권력을 끌어내렸지만 세상은 별로 달라지지도 않았다. 현실은 계속 우릴 숨 막히게 하고 있고, 불안감은 노력으로도 해소되지 않는다.

사실, 나도 안다. 지금의 대한민국은 지방대 다니면 서울대 다니는 사람 앞에서 주눅들게 하고, 내 꿈보단 남들이 좋다는 의대를 쳐다보게 하고, 공무원 시험에 매달리게 만든다는 것을! 꿈을 찾는 활동보다는 시험 점수에 더 연연할 수밖에 없다는 것을! 내 꿈과 전혀 관련 없는 오지선다형 내신공부, 수능공부를 억지로 해서라도 좋은 대학에 가지 않으면 잘살기 어려운 세상이라는 것을…….

하지만 세상이 나를 그런 환경 속으로 몰아넣는다고 해서 거기에 매몰돼 사는 건 정답이 아니다. 그것이야말로 우리 모두 패배자가 되는 길일 뿐이다. 그렇게 살기를 거부하며 더 당당하게 자기만의 삶을 살아야 한다.

그러려면 목소리를 내야 한다. 꿈꾸는 인생을 실천하며 살 수 있는 세상을 만들어 달라고! 10대들의 불행을, 청년들의 불행을 행복으로 바꾸려면 10대들과 청년들이 입을 열어야 한다. "힘들지? 왜 해야 하는지 모르겠지? 하지만 일단 참고 공부해. 좋은 학교 가면 고생은 싹 사라질 거야."라고 꼬드기는 세상에 반기를 들어야 한다.

내가 살아갈 세상은 내가 만들어 나가야 한다. 어른들이 대신해 주지 않는다. 그렇게 목소리를 내야만 행복한 삶에 다가갈 수 있다.

10대가 행복해야
계속 행복한 거야

10대 시절도 행복해야 한다. 나중을 위해 희생해야 하는 시간이 아니다. 남의 꿈을 좇으며, 남과 비교하며 자라난 우월감과 열등감에 빠진 10대 시절은 불행하다.

그런데 말하지 않는다. 어른들의 말대로 열심히 공부했는데, 지나 보니 왜 그렇게 살았는지 후회되더라는 사실을! 남들이 최고라는 학교에 갔지만 기쁨은 찰나뿐이라는 것을! 남들의 시선에 좌우되지 말고 내 삶을 살아야한다는 것을! 유명한 학교에 가기 위해 사는 게 아니라, 내가 언제 행복한 사람인가를 찾고 그 꿈에 조금씩 다가

가며 살아야 행복하다는 것을! 왜 지금까지 솔직하게 이야기하지 않고 어떡하면 공부를 잘하는지, 어떻게 하면 서울대를 갈 수 있는지에만 몰두했을까?

그건 그런 이야기에만 귀 기울이며 박수를 보냈기 때문이다. 서울대 학생들, 명문고 학생들이 자기 꿈이 뭔지, 어떤 삶을 살고 싶은지 얘기하지 않아도, 그 학교에 다닌다는 사실만으로 대단하다고 치켜세웠기 때문이다. 어떻게 서울대를 갔는지, 수능을 얼마나 잘 보았는지, 내신 따기 어렵다는 학교에서 어떻게 상위권 성적을 유지할 수 있었는지에만 관심을 가졌기 때문이다. 고등학교와 대학의 서열이라는 생명줄은 그렇게 유지되어 왔고, 우리의 불행도 계속되고 있다.

서울대 합격 비법을 묻기 전에, 남들의 시선에 너무 사로잡혀 잘못된 답을 좇지는 않았는지, 꿈이 무엇인지 자신에게 먼저 물어보자. 서울대를 가지 말라는 얘기가 아니다. 내 꿈을 위해 서울대라는 수단이 정말 필요하다면 가야 한다. 단, 내가 원해서인지 아니면 남들이 가라고 해서인지 한번쯤은 생각해 보라는 말이다. 그렇게 10대 시절도 행복하게 살아보자는 거다.

216

나는 운이 좋았다. 내 생각과 내가 하고 싶은 것, 나의 관심사를 존중해 주는 부모님이 계셨고, 아무 생각 없이 공부만 잘하는 삶보다 무엇이 가치 있는지를 고민하는 삶으로 이끌어준 멘토들이 있었다. 또 한창 남들의 시선에 얽매여 살면서 우월감과 자만심에 빠져 있을 때 국제중 탈락과 미국에서 보낸 2년은 나 자신과 꿈을 되돌아보는 기회가 되었다. 그렇게 만난, 평범하지만 행복했던 사람들은 10대였던 나에게 어떻게 살아야 하는지 생각하게 해주었다.

초등학교 5학년 때 만난 송의균 선생님은 세상을 비판적으로 보는 힘을 길러주셨고, 중학교 3학년 담임이었던 천성유 선생님과 3학년 부장을 맡았던 최진호 선생님은 기꺼이 내 생각을 나누고 토론하는 상대로서 생각할 거리를 많이 던져주셨다. 또 중3 때 김종호 교장 선생님은 여러 차례의 토론과 고민 끝에 나와 친구들이 말씀드린 제안을 학생들이 만든 정책이라며 적극적으로 반영해 주셨다.

성적이 좀 모자람에도 가능성을 보고 한일고를 추천해 준 최용희 선생님, 치열하게 자습하고 공부하는 환경에서도 심장 뛰는 일을 할 수 있도록 지지하고 도와주신 배장렬 선생님, 늘 나의 중심을 잡아주신 박용만 선생님, 수능을 안 보고 수시와 미국 대학을 준비하겠다고 할 때 그 선택을 존중해 준 임홍수 담임 선생님이 계셨다. 그리고 유학원도 없이 막막했던 미국 대학 준비를 옆에서 하나하나 챙겨주고 도와준 다이애나 선생님도 계셨다. 엄청난 행운이었다.

학교 밖에서 영감을 준 분들도 많다. 하버드 아시아 리더십 센터의 김홍수 선생님은 나에게 넓은 세상을 보여주고, 때때로 나의 동업자가 되어주셨다. 또 나에게 세상을 바꿀 수 있다는 자신감을 심어줌과 동시에 세상은 나 없이도 잘 돌아간다는 겸손함을 가르쳐주셨다. 고 노회찬 의원님은 내가 어떤 가치를 추구하며 살아야 하는지, 국가를 위해 내가 해야 할 일이 무엇인지, 그 일을 어떻게 실현해 가야 하는지를 몸소 보여주셨다.

게다가 훌륭한 친구들과도 함께할 수 있었다. 한 · 중 · 일 국제포럼이란 거대한 꿈에 함께 동행해 준 전국청소년정치외교연합 친구들, 어렸던 중3 시절 학교 생활 속에서 창의적인 정책들을 실천시켜 준 친구들! 내가 가장

행복했던 순간은 중학교 학생회를 하던 때였고, 한·중
·일 국제포럼을 준비하던 때였다. 서울대를 다니던 순
간이 아니었다. 그것은 나와 같이 해준 소중한 친구들 때
문에 가능한 일이었다.

치열한 공부와 경쟁, 성공만을 강요하는 대한민국 사
회에서 나를 지키고, 인생관을 확립하고, 행복하게 살아
갈 수 있는 건 이런 분들의 도움 덕분이다. 모두에게 감
사드리며, 이 행복이 운 좋았던 나 하나만이 아니라 우리
나라 10대들, 청년들 모두의 것이 되었으면 좋겠다.

참고자료

1. 본문 77쪽
스누라이프, 강의보감, 강의평, https://snulife.com/class

2. 본문 96쪽
OECD 대표부 이주희 1등 서기관. (2015.09.15). 전공 불일치(Field-ofStudy Mismatch)의 원인과 결과. https://overseas.mofa.go.kr/oecdko/brd/m_20809/view.do?seq=1188153&srchFr=&srchTo=&srchWord=&srchTp=&multi_itm_seq=0&itm_seq_1=0&itm_seq_2=0&company_cd=&company_nm=&page=95.

3. 본문 126쪽
College Board, How to Convert Your GPA to a 4.0 Scale(성적을 4.0 스케일로 바꾸는 법). (2019.02.19.). https://pages.collegeboard.org/how-to-convert-gpa-4.0-scale.

4. 본문 133쪽
중앙일보. 전민희 기자. (2017.10.01.). 사교육 받는 근본 원인 2위가 '불안 심리'…1위는? https://news.joins.com/article/21987347.

5. 본문 133쪽
한겨레 신문. 음성원 기자. (2013.09.02.). 사교육 받는 학생 73%가 '선행학습' http://www.hani.co.kr/arti/society/schooling/601874.html

6. 본문 138쪽
한겨레 신문. 김완 기자. (2019.11.01.). "몸이 그냥 거부해요."…학생 47.3% '학교 관두고 싶다' http://www.hani.co.kr/arti/society/society_general/915457.html

7. 본문 144쪽
을유문화사. 유현준. (2018).《어디서 살 것인가》1장 '양계장에서는 독수리가
나오지 않는다' 중에서.

8. 본문 149쪽
시사인. 이준수. (2018.03.24.). "왜 교대 교육과정에 행정 업무는 빠져 있나"
https://www.sisain.co.kr/news/articleView.html?idxno=31459

9 본문 149쪽
한국지방교육연구소. 정재훈 외. (2014). 각급 학교 행정실에 근무하는 지방
공무원의 업무수행 현황 및 업무개선 방안 연구.
한국지방교육연구소. 임희진. (2018). 각급 학교 교무 · 행정조직 직무 실태
및 업무분장 및 효율화 방안 선행연구 분석.

10. 본문 150쪽
한국교육신문. 이상미. (2014.12.19.). "수업 준비보다 행정 업무에 쏟는 시간
더 많다" http://www.hangyo.com/news/article.html?no=44494

11. 본문 151쪽
춘천교대신문. 김예림. (2018.11.06.). 교사인가 행정공무원인가? http://www.
cnbs.co.kr/news/articleView.html?idxno=1851

12. 본문 153쪽
푸른숲. 파시 살베르그 지음, 이은진 옮김. (2016). 핀란드의《끝없는 도전》
pg.81

13. 본문 160쪽
동아일보. 조유라 기자. (2018.09.28.). 학종전형 서류평가, 입학사정관 1명이
570명 맡아. http://www.donga.com/news/article/all/20180927/92173537/1

14. 본문 213쪽

지와인. 조윤호·박원익. (2019).《공정하지 않다》pg 29-30

15. 본문 213쪽

통계청. (2019). 국가통계포털, 고용·임금, 고용, 경제활동인구조사, 청년층
부가조사, 성별 첫 일자리 월평균 임금 http://kosis.kr/statHtmlstatHtml.do?or
gId=101&tblId=DT_1DE9080S&conn_path=I2

16. 본문 213쪽

지와인. 조윤호·박원익. (2019).《공정하지 않다》pg 60

하마터면 서울대 갈 뻔했다

초판1쇄 발행 2019년 12월 10일

지은이 성현
펴낸이 정광진

펴낸곳 (주)봄풀출판
디자인 모아김성엽

신고번호 제406-3960100251002009000001호
신고년월일 2009년 1월 6일

주소 경기도 파주시 회동길 455-2, 4층
전화 031-955-9850
팩스 031-955-9851
이메일 spring_grass@nate.com

ISBN 978-89-93677-70-6 43370

이 도서의 국립중앙도서관 출판예정도서목록(CIP)은 서지정보유통지원시스템 홈페이지(http://seoji.nl.go.kr)와 국가
자료종합목록 구축시스템(http://kolis-net.nl.go.kr)에서 이용하실 수 있습니다. (CIP제어번호 : CIP2019046949)